Manfred Weindl

Girly

kailash

MANFRED WEINDL
Mit Daniel Oliver Bachmann

GIRLY

*Wie mich mein Pferd heilte –
und wie ich heute
Pferde heile*

kailash

Der Verlag weist ausdrücklich darauf hin, dass im Text enthaltene externe Links vom Verlag nur bis zum Zeitpunkt der Buchveröffentlichung eingesehen werden konnten. Auf spätere Veränderungen hat der Verlag keinerlei Einfluss. Eine Haftung des Verlags ist daher ausgeschlossen.

Bildnachweis:
Frank Bauer: S. 23, 111, 127, 173, 188, 205
Andrea Krüger: S. 153
Christian Weindl: S. 49
Manfred Weindl: S. 59, 64, 85, 105, 141

MIX
Papier aus verantwortungsvollen Quellen
FSC® C014496

Verlagsgruppe Random House FSC® N001967

1. Auflage
Originalausgabe

in der Verlagsgruppe Random House GmbH
Neumarkter Str. 28, 81673 München
Lektorat: Anne Nordmann
Umschlaggestaltung: ki 36 Editorial Design, München, Daniela Hofner
Umschlagmotiv: Frank Bauer
Satz: Satzwerk Huber, Germering
Druck und Bindung: GGP Media GmbH, Pößneck
Printed in Germany
978-3-424-63137-1
www.kailash-verlag.de

Einleitung

Diesen Weg lege ich fast täglich zurück: von meiner Haustür bis zum Pferdehof. Ein guter Teil der Strecke verläuft im Wald, dann wieder geht es auf schmalen Straßen an Wiesen und Feldern vorbei. Ich passiere einige hübsche Weiler und gelange zu einem Aussichtspunkt, der den Blick übers Donautal hinweg Richtung Tschechien und Österreich erlaubt. Meistens geht mir durch den Kopf, welche Aufgaben ich in meinem Beruf als Pferdeflüsterer demnächst zu lösen habe. Manchmal denke ich daran, wie es den Pferden und ihren Haltern ergeht, denen ich bereits helfen durfte. Selten kommt mir in den Sinn, wie komplett anders mein Dasein heute ausschaut im Vergleich zu meinem Leben früher.

Doch kürzlich ist etwas geschehen, das alles verändert hat. Zunächst war es wie immer: Ich rollte auf das Gelände des weitläufigen Pferdehofs und erfreute mich am hervorragenden Zustand von Haupthaus und umliegenden Ställen. Ich fuhr noch ein Stück weiter, denn Girlys Stallung liegt etwas abseits. Als ich den Wagen parkte, schaute sie bereits aus dem Tor ihres Offenstalls, wie sie das immer tut, wenn sie nicht draußen auf der Weide ist. So ein Offenstall ist eine prima Sache: Hier haben Pferde einen Witterungsschutz und ihren Fressplatz, können gleichzeitig aber auch den Auslauf genießen.

»Hast du mich erwartet?«, begrüßte ich Girly. Auch das frage ich immer, weil es tatsächlich so ist: Sie spürt, dass ich unterwegs bin, und weiß, dass ich kommen werde. Pferde haben diesen Instinkt. Hunde haben ihn ebenfalls, und kürzlich erzählte mir ein befreundeter Imker, dass es bei seinen Bienen auch so sei. Girly wieherte zur Antwort. Ich ging zu ihr, streichelte sie, und in diesem Augenblick war der Gedanke so intensiv in meinem Kopf, als habe sie ihn mir zugeflüstert: »Du solltest deine Geschichte aufschreiben.«

Darüber hatte ich noch nie nachgedacht, doch plötzlich war es völlig klar, und ein Gedanke jagte den nächsten: Früher wolltest du als Polizist Gerechtigkeit in die Welt bringen, bis du erkannt hast, dass in diesem harten Job kein Platz für Gefühle ist. Du hast dich von deinen Gefühlen regelrecht abgespalten, hast einen auf »harten Kerl« gemacht, bis diese Scheinwelt zusammenbrach. Erst als du dieses Pferd kennengelernt hast, als Girly in dein Leben trat, erkanntest du nach und nach, dass Sensibilität keine Schwäche ist, sondern deine ureigene Stärke. Nur durch diese Feinfühligkeit bist du als Pferdeflüsterer so erfolgreich geworden. Es war ein langer und harter Weg, und es lohnt sich, ihn zu erzählen.

»Hey«, sagte ich zu Girly, »danke!« Auch das sage ich häufig zu ihr, einfach so, weil wir immer füreinander da sind. Doch heute meinte ich noch mehr damit. Als ich ihr den Sattel auflegte, aufstieg und wir den Ausritt begannen, wusste ich, dass von nun an vieles anders sein würde. Ja, ich würde meine Geschichte und die tiefe Verbundenheit, die zwischen Girly und mir entstanden ist, in Worte fassen. Auf diesem Weg würde ich nichts auslassen – weder die Schmerzen noch die Glücksgefühle –, damit jeder nachvollziehen könnte, dass eine Lebenskrise, und sei sie noch so groß, zugleich eine Chance auf Neues beinhaltet. Mein Weg zur Heilung führte über den Zugang zu meinen Gefühlen – das ist der

Weg, den Girly mir gezeigt hat. Und wer weiß? Vielleicht kann Ihnen unsere Geschichte ebenfalls einen Weg weisen.

In herzlicher Verbundenheit,
Ihr

1

Spür dein Ziel.

Der Anruf kommt spät, gegen zehn Uhr abends.

»Bin ich beim Pferdeflüsterer?«, fragt eine weibliche Stimme. Sie klingt gepresst, wie geschockt. Ich kann heraushören, dass etwas Schlimmes vorgefallen sein muss. »Mein Hengst. Der Avalon. Er ist schwierig, aber so etwas hat er noch nie getan, ich kann es mir gar nicht erklären, es ist furchtbar!«

»Was ist furchtbar? Was hat er getan?«

Die Frau stockt. Es kostet sie Mühe, die Wahrheit auszusprechen. »Avalon hat ein anderes Pferd totgetreten. Er ist völlig ausgerastet, niemand konnte ihn bändigen. Sie müssen kommen, Herr Weindl, bevor noch mehr passiert.«

Sie nennt mir eine Adresse in Kaufbeuren. Gut drei Stunden Autofahrt, schätze ich. Wir verabreden uns für den nächsten Morgen um acht Uhr. Bis dahin, sagt die Frau, steht Avalon isoliert in seiner Box. Eine Hochsicherheitsbox, betont sie. Niemand wird sich Avalon nähern. Nicht dass er noch einen Menschen tottritt.

Als ich auflege, fragt meine Frau Evi: »Ein Notfall?«

Sie kennt sich mit Pferden ebenfalls gut aus, aber vor allem kennt sie sich mit mir gut aus. Oft gebe ich Anrufern unentgeltliche Tipps am Telefon, wenn das möglich ist, ohne das Pferd zu begutachten. Hier ist es mit Ratschlägen allerdings nicht getan. Es geht um Leben und Tod, und Evi hat das gleich gespürt. Ich erzähle ihr, was ich erfahren habe. So mache ich das immer. Wir sind seit 30 Jahren verheiratet und haben in dieser Zeit gemeinsam so viel gemeistert, dass es für mehrere Leben reichen könnte. Im Grunde genommen kommt das der Wahrheit auch ziemlich nahe: Ich bin mittlerweile in meinem zweiten Leben angekommen, in dem als Pferdeflüsterer. Es unterscheidet sich von meinem ersten Leben als Polizist, als Alkoholiker, als körperliches Wrack mit 23 überstandenen Operationen so sehr, dass wohl kein Romanautor diesen extremen Gegensatz erfinden könnte. In all dieser Zeit war Evi stets an meiner Seite, und ich kann mit Fug und Recht sagen: Wäre sie es nicht gewesen, wäre ich heute nicht hier. Dann würde ich jetzt nicht an meinem Schreibtisch sitzen, mit ihrem Foto und das unserer drei Jungs neben dem Computer, um meine Geschichte in Worte zu fassen. Ich hätte keines der mittlerweile mehr als 1.500 Pferde behandelt. Und ich wäre nach diesem abendlichen Anruf nicht losgefahren, um einen schwierigen Fall zu lösen.

Ich mag es, den Tag früh zu beginnen. Wir leben in Salzweg, in der südöstlichsten Ecke Deutschlands. Die Grenzen zu Tschechien und Österreich sind kaum einen Steinwurf entfernt. Passau, in gut fünfzehn Autominuten erreichbar, ist die nächstgrößere Stadt und gleichzeitig geliebte Heimat. Als ich in den Wagen steige, freue ich mich bereits wieder auf die ersten Kilometer der vor mir liegenden Strecke. Wie oft bin ich schon von Salzweg nach Passau gefahren, und trotzdem geschieht es jedes Mal: Sobald ich die Serpentinen unter die Räder nehme, die oberhalb der Halser Ilzschleifen hinab ins Tal der Ilz führen, schlägt mein Herz höher. Wie schön, dass das jetzt wieder so ist. Als ich psychisch erkrankt war, konnte ich nirgendwohin mehr fahren, nicht einmal die kurze Strecke nach Passau.

Der Fluss Ilz entspringt im Nationalpark Bayerischer Wald, und sein moorreiches dunkles Wasser vermischt sich in Passau mit dem blauen Wasser der Donau und dem grünen des Inn. Wasser und Passau – das sind zwei Worte, die sich nicht trennen lassen. Als ich aus dem Tunnel unterhalb der Veste Oberhaus fahre, leuchtet mir das Wasser entgegen: Donau, Inn und Ilz vereinigt, an dieser Stelle mehr See als Fluss. Dahinter erhebt sich die Stadt. Die italienisch anmutenden Gebäude aus der Renaissance im ersten Licht der aufgehenden Sonne, überstrahlt von den gewaltigen Kuppeln des St.-Stephans-Doms. Wie müssen erst die Menschen im Mittelalter gestaunt haben, wenn sie diese Stadt betraten – eine der prächtigsten Städte des Heiligen Römischen Reiches –, wo selbst mir bei ihrem Anblick regelmäßig ein Schauer den Rücken hinabfährt. Und so schwelge ich in Erinnerungen, während mein Blick über die am Kai vertäuten Flusskreuzfahrtschiffe schweift: Da drüben habe ich mit meinen Eltern, meinem Bruder und meiner Schwester gelebt, bis die Schanzlbrücke gebaut wurde und das Wohnhaus dafür zu weichen hatte. Dort ist eine der vielen Volksschulen, die ich besuchen musste. Ja, musste, denn meine Schulzeit gehört nicht zu den schönen Erinnerungen. Und in diesem Haus … eine dunkle Wolke legt sich über meine Gedanken. In diesem Haus hat sich ein verzweifelter Familienvater umgebracht und eine Frau und vier kleine Kinder zurückgelassen. Er gehört zu den vielen, vielen toten Menschen, die mich in meinem Leben als Polizist manchmal selbst an den Rand einer Depression trieben, und am Ende dann sogar weit über diesen Rand hinaus. Erst in diesem Beruf ist mir bewusst geworden, wie viele Menschen in Deutschland durch Selbstmord ihr Leben beenden. Die jüngsten Zahlen sind erschreckend: In unserem Land sind es mehr als 10.000 Menschen pro Jahr. Das sind fast doppelt so viele wie durch Verkehrsunfälle, Drogen, Aids und Gewaltverbrechen zusammen. Dazu kommen über 100.000 Selbstmordversuche, bei Frauen fünfmal häufiger als bei Männern. In Berlin stirbt täglich ein Mensch durch Selbstmord. Oft ist eine Depression der Grund dafür.

Man sagt, nur wer Depressionen aus eigener Erfahrung kennt, kann auch darüber sprechen, und deshalb werde ich das tun. Denn diese schwarze Wolke, die meinem Dasein lange Zeit jede Freude, jede Farbe und jedes Licht entzog, trug ebenfalls dazu bei, dass ich heute Pferde so gut verstehen kann. Nichts von dem, was ich durchlebt und erlitten habe, war umsonst. Doch sagt sich so etwas in der Rückschau einfach. Wer von der Depression gepackt wird, kann nicht mehr an das Morgen denken. Für ihn besteht das Heute nur noch aus Unmöglichkeiten. Häufig genug wählt dieser unglückliche Mensch den scheinbar letzten Ausweg. Ich selbst habe ebenfalls einmal vor dieser finalen Entscheidung gestanden.

Doch jetzt wische ich all diese Gedanken beiseite. Heute, in meinem Leben als erfolgreicher Pferdeflüsterer, gelingt mir das auch. Ich konzentriere mich darauf, was vor mir liegt: erst 300 Kilometer auf der A92 zurücklegen, danach eine Aufgabe, auf die ich mich trotz aller Schwierigkeiten freue. Avalon, ein Hengst am Rande des Wahnsinns. 500 Kilogramm Muskeln, Kraft und Energie, gepaart mit einem hellwachen Pferdeverstand, aber massiv verstört durch was auch immer. Ich werde die Menschen, die ich dort antreffe, erst einmal nicht nach Ursachen fragen. Ich werde Avalon selbst fragen. Und er wird mir seine Antworten geben, da bin ich mir sicher. Dann werde ich ihm sagen, was ich zu sagen habe. Das geschieht nicht mit der uns Menschen verständlichen Sprache. Es geschieht durch Körpersprache, Blicke und dem minimalen, leisen Einsatz meiner Stimme. Was sie sagt, ist nicht so entscheidend, als wie sie es sagt. Avalon, dieser stolze Hengst, dessen Vorfahren 55 Millionen Jahre länger auf der Erde lebten als die Gattung Mensch, wurde von uns aus seinem ursprünglichen Habitat gerissen. Wir machten aus einem Flucht- und Herdentier ein Nutztier. Allein das ist für die meisten Pferde verwirrend. Und kennen wir das nicht selbst? Wenn wir verwirrt sind, ist die Krise nicht weit. Bei Pferden sind das die Augenblicke, wo mein Telefon klingelt. Es sind die Augenblicke, in denen der Pferdeflüsterer auf den Plan treten soll. Wo immer ich hinkomme, kümmere ich mich zunächst um ein Pferd im Ausnahmezustand. Doch danach kümmere ich mich um die Menschen – denn sie sind es, die eine falsche Entscheidung getroffen haben. Aus seiner Sicht macht ein Pferd immer alles richtig. Es handelt rein instinktiv. Deshalb liegen die Fehler bei uns Menschen. Wir denken nicht wie ein Pferd, sondern vermenschlichen es stattdessen. Da ich mich selbst mit falschen Entscheidungen gut auskenne – mein erstes Leben lässt grüßen – kann ich Pferd und Mensch etwas flüstern.

Ich schaue auf das Navi und lese die Ankunftszeit ab: 7:50 Uhr. Zeit für Musik. Ich schiebe eine CD ein und lausche meinem Sohn Alex, einem begabten Folk-Sänger. Ich lächele. Zwar bin ich nicht auf der Route 66 unterwegs, sondern auf der A98, aber es fühlt sich fast so an. Die Riffs seiner Western-Steel-Gitarre im Ohr, die blitzenden Sonnenstrahlen über den Ausläufern der Bayerischen Alpen im Auge und den ganz besonderen Duft eines rassigen Pferdes bereits in der Nase: Wer hätte gedacht, dass mein Leben eines Tages so glücklich sein würde? Ich ganz bestimmt nicht.

Als ich auf dem Hof ankomme, werde ich bereits erwartet. In der ganzen Aufregung hat die Anruferin gestern Abend ihren vollständigen Namen nicht genannt. Jetzt stellt sie sich als Luise Bargmann vor. Sie sieht aus, als habe sie die ganze Nacht nicht geschlafen. Der Eigentümer des Hofes ist da, und eine weitere Frau, in deren Augen Tränen stehen. Es ist ihr Pferd, das totgetreten wurde. Obwohl ich gerne ohne detaillierte Vorkenntnisse den Hengst aufgesucht hätte, denn ich will einen unverfälschten Blick auf die Gegebenheiten, setzt mich Luise Bargmann ins Bild. Es sprudelt geradezu aus ihr heraus. Avalon ist ein 8-jähriger Haflinger-Hengst. Haflinger sind im Allgemeinen ehrgeizig und leistungsbereit, zeichnen sich aber auch durch Ruhe und Besonnenheit aus. Ausgerechnet ein Exemplar dieser Rasse hat ein anderes Tier totgetreten?

Das Opfer ist einer der beiden Wallache, die mit Avalon zusammen gehalten wurden, bestätigt Luise. »Er hat ihn in die Ecke gedrängt und ihm derart zugesetzt, dass wir ihn einschläfern mussten. Wir konnten nichts dagegen tun. Seither tritt Avalon nach jedem, der sich ihm nähert. Sie können unmöglich zu ihm rein.«

Ich nicke und spare mir die Frage: Was soll der Pferdeflüsterer denn sonst tun? Natürlich ist ihre Warnung ernst zu nehmen. Der Hufschlag eines Hengstes kann nicht nur den sofortigen Knock-out bedeuten, sondern auch gefährliche Verletzungen nach sich ziehen. Während ich mich dem Stall nähere, spricht Luise weiter wie ein Wasserfall. Es ist ihr ein Bedürfnis, sich den Kummer mit ihrem Pferd von der Seele zu reden. Avalon sei schon immer speziell gewesen, erfahre ich. Kaum betrete jemand seine Box, drehe er ihm den Hintern zu und trete nach hinten aus. Heu füttern sei nur möglich, wenn man ihm gleichzeitig einen Eimer mit Leckereien vors Maul halte. Als wir den Unterstand des Hengstes erreichen, bleibe ich perplex stehen.

»Was ist das?«, frage ich.

»Avalons Box.«

»Das ist keine Box. Das ist ein Hochsicherheitsgefängnis.«

Der Unterstand ist so eng vergittert, dass wir das Pferd von außen kaum sehen können.

»Das war nötig«, verteidigt sich Luise. »Er hat uns sogar aus der Box heraus getreten und gebissen.«

Ich versuche, sie zu öffnen. Schon ist der Hengst da, wirbelt herum und tritt zu. Seine Hufe donnern gegen das Holz. Ich mache einen zweiten Versuch, um seine Reaktion zu testen. Dieses Mal tritt er so stark aus, dass die Besitzerin einen Schrei ausstößt.

»Sehen Sie? Es ist *unmöglich*, keiner kommt da rein!«

»Schaun' wir mal«, antworte ich. Wie immer in schwierigen Situationen verlangsamt sich mein Pulsschlag. Das ist eines der Merkmale, die ich im Laufe meiner Arbeit als Pferdeflüsterer entdeckt habe. Anstatt den Puls zu beschleunigen, wie es üblich ist, arbeitet mein Körper in die andere Richtung. Seit geraumer Zeit trage ich ein Armband, das neben Puls und anderen Körperfunktionen auch meine Schlaffrequenz misst. Alle Daten werden auf mein Smartphone übertragen und statistisch ausgewertet. Seither weiß ich, dass mein Puls in Extremsituationen auf 50 Schläge in der Minute sinkt. Bradykardie nennen Mediziner dieses Phänomen und raten häufig zum Herzschrittmacher. Ich dagegen sehe mich in diesen Situationen wie ein austrainierter Leistungssportler und fühle mich pudelwohl mit meinem niedrigen Puls. Außerdem bin ich der Überzeugung, dass Pferde ihn spüren. Meine Ruhe überträgt sich auf die Tiere – nur leider nicht immer auf ihre Halter.

»Haben Sie Kraftfutter?«, frage ich.

Der Puls von Luise liegt vermutlich im dreistelligen Bereich. »Kraftfutter? Warum das denn? Was wollen Sie damit?«

»Haben Sie welches?«

Natürlich gibt es auf dem Hof Kraftfutter. Der Besitzer bringt mir einen Eimer. Ich öffne den Futterbarren und fülle es hinein. Sofort ist Avalon da. Gierig fährt sein Maul herab. Doch da ist auch meine Hand. Von außen bewege ich sie wie einen Scheibenwischer über dem Futterbarren. Ich kann die Anspannung des Hengstes hinter dem engen Gitter spüren. Er ist geradezu empört über diese Unverschämtheit! Er ist der Chef im Ring, er hat den Hochstatus, was bedeutet: Er steht sprichwörtlich über den anderen. Und nun kommt da einer und wagt es, ihm das Fressen zu verbieten? Er schnaubt, sein Maul streift über meine Hand, doch er beißt nicht zu. Unruhig und voller Aggression läuft er durch seine Box. Immer wieder poltert der Körper gegen die hölzerne Boxenwand. Die Schläge sind ohrenbetäubend. Dann versucht er nochmals, ans Futter zu kommen. Erneut macht meine Hand nichts weiter als eine lässige Scheibenwischerbewegung. Es geht mir nicht darum, einen Kampf mit dem Hengst auszufechten. Einer meiner wichtigsten Leitsätze lautet: Ich behandle Pferde und ihre Menschen für ein besseres gegenseitiges Verständnis und für gegenseitigen Respekt. Was mir Avalons Besitzerin in aller Hast erzählte, war Nachweis genug, dass es an diesem Verständnis gefehlt hat: Sie hat ihren Hengst mit allerlei Leckereien bestochen, was einer der häufigsten Fehler im Umgang mit Pferden ist. Kein Wunder, dass er ungehalten ist, wenn er sein Bestechungsfutter nicht bekommt. Diese Situation ist eskaliert – ich spreche dabei gerne von einem Aufschaukelungsprozess. Wie viele meiner Klienten hat sich Luise zu wenig Gedanken über das Wesen ihres Pferdes gemacht. Dabei ist es einfach zu verstehen. Ein Pferd ist dreierlei: ein Beutetier. Daher ist es ein Fluchttier. Und aus demselben Grund auch ein Herdentier, weil es in der Herde am besten geschützt ist. Diese Herden waren immer hierarchisch organisiert, jedes Mitglied hatte seinen definierten Rang und seine definierte Funktion. Jeder in der Herde war wichtig, von der Leitstute angefangen bis hinab zum letzten Rang. Ich spreche deshalb in der Vergangenheit, weil es Pferdeherden in freier Wildbahn nur noch selten gibt, zumindest nicht in unseren Breitengraden. Das hat gewaltige Auswirkungen auf die Psyche der Tiere.

Wenn ich Avalon jetzt das Fressen untersage, mache ich ihm klar: Ich bin hier der Boss. Strecke ich ihm dagegen einen Eimer mit Leckereien hin, ist die Botschaft genau anders herum: Du bist der Boss. Als Boss darf Avalon auch zutreten, das weiß er. Nun ist es an der Zeit für mich, auch Boss in seiner Box zu werden. Langsam nähere ich mich der Tür. Ich bin mir sicher, was passieren wird, doch Luise traut ihren Augen nicht. Als ich die Tür öffne, zieht sie vor Schreck die Luft ein. Doch der Hengst steht nur da und blickt mich ruhig an. Er dreht mir nicht den Hintern zu, sondern zeigt Unterordnungs- und Beschwichtigungsgesten: Er senkt den Kopf, sein Maul bewegt sich, er leckt und kaut. Ich nehme das Halfter und streife es Avalon behutsam über. Er lässt es zu. Hinter mir murmelt Luise: »Das dauerte keine fünf Minuten. Ein Wunder.«

Nein, es ist kein Wunder, doch sagen mir ihre Worte, dass die eigentliche Arbeit erst beginnt. Wenn ich vom Hof bin, muss der Hengst seine Besitzerin als ranghöheres Wesen akzeptieren. Das wird er ganz gewiss nicht tun, wenn sie ihn erneut mit Leckereien besticht. Daher werde ich bei Luise einige meiner Lieblingsthemen ansprechen: »Futterdisziplin« ist das eine, »Frustrationstoleranz« das andere. Darunter verstehe ich die Fähigkeit des Tieres, eine frustrierende Situation über längere Zeit auszuhalten. Pferde, die diese Fähigkeit nicht besitzen, werden schnell unwillig und reagieren mit Aggression. Sie neigen zu erhöhtem Anstrengungs- und Vermeidungsverhalten. Sie versuchen mit allen Mitteln, das Gewünschte zu bekommen, und wehren sich ebenso vehement, das von ihnen Verlangte umzusetzen. Weil sowohl Futterdisziplin als auch Frustrationstoleranz dafür sorgen, dass ein Hengst wie Avalon zu einem umgänglichen Pferd werden kann, werde ich im Laufe des Buches immer wieder darauf eingehen. Davon profitiert übrigens auch, wer kein Pferdehalter ist: Viele kennen die Situation, wenn Kinder im Supermarkt Wünsche äußern, welche die Erwachsenen nicht erfüllen möchten oder können. Auch weil wir wissen, dass wir Kindern keinen Gefallen tun, wenn wir ihnen jeden Wunsch von den Augen ablesen. Wir bereiten sie auf den Tag vor, wenn das »Nein« fester Bestandteil ihres Lebens wird. Am Beispiel von Avalon können wir erkennen, wie unberechenbar ein Lebewesen wird, wenn es nur verwöhnt wird. Dann fordert es immer größere Belohnungen ein – von einem Leckerbissen steigerte der Hengst sein Belohnungssystem auf einen ganzen Eimer. Am Ende zeigte er gar keine Toleranz mehr, wenn es nicht nach seinem Willen ging. Mit ihrem Belohnungssystem hat Luise ihrem Pferd nichts Gutes getan, ganz im Gegenteil. Sie hat es unter enormen Stress gesetzt. Seine Unzufriedenheit aufgrund des nicht pferdegerechten Umgangs gipfelte dann in dieser heftigen Aggression. Draußen in der Natur, erkläre ich ihr, wo Pferde ursprünglich herkommen, wäre so ein Verhalten undenkbar. Niemals würde ein ranghohes Tier einem niedriger stehenden den Futterplatz überlassen. Niemals käme es zu einem Belohnungssystem. In der genetischen Erinnerung der Pferde ist dieses Verhalten fest verankert.

»Du hast dein Pferd vermenschlicht«, sage ich ihr. »Nimm davon Abstand.«

Als Pferdeflüsterer habe ich heute kein Wunder vollbracht. Ich habe lediglich Avalon seine ureigene Wesensart zurückgegeben.

2

Auch eine Reise von tausend Meilen beginnt mit dem ersten Schritt.

Ich werde häufig gefragt: »Wie hast du das geschafft? Wie konntest du dein erstes Leben verlassen und ein zweites beginnen? Wie hast du deinen Traum verwirklicht?«

Auf diese Fragen folgt genauso oft das Bekenntnis, dass der Fragesteller mit seinem eigenen Leben unglücklich ist und glaubt, es zöge ungenutzt an ihm vorbei.

Auch das ist ein Grund, weshalb ich hier meine Lebensgeschichte erzähle. Wenn ich es geschafft habe, können andere es auch schaffen, davon bin ich überzeugt. Aus meiner Erfahrung als Polizist und aus der Erfahrung als Pferdeflüsterer weiß ich, dass viele Menschen einem Beruf nachgehen, der nur wenig mit ihrer inneren Überzeugung zu tun hat. Weil wir unsere Berufswahl, eine der wichtigsten Entscheidungen unseres Lebens, anderen überlassen, sie hoppla hopp treffen oder nicht auf unser Bauchgefühl, sondern nur auf den Verstand hören, führen wir ein Leben, in dem wir unsere wahren Träume nicht verwirklicht sehen. Damit sind wir bei einer der herausforderndsten Fragen unseres Lebens angelangt: Was sind eigentlich unsere wahren Träume?

Viele Menschen glauben, mein Leben als Polizist endete am Tag X, und am nächsten Tag Y begann mein Leben als Pferdeflüsterer. Zugegeben, es gab eine Zeit, da habe ich ähnlich gedacht. Der Grund war, dass in meiner Erinnerung keine Pferde vorkamen. In meiner Kindheit hatte ich kein Pony, im Gegensatz zu vielen meiner Kunden. Ich habe keine Zeit auf einem Pferdehof verbracht, habe nie voltigiert, geschweige denn Reiten gelernt. Ich musste 37 Jahre alt werden, bevor ich das erste Mal auf einem Pferd saß. Ich wuchs nicht als Sohn eines Pferdetrainers auf wie Monty Roberts, um im Alter von vier Jahren die ersten Turniere zu bestreiten. Mein Vater war Kraftfahrer in der örtlichen Zahnradfabrik. Auch wenn er von einem Bauernhof kommt, hatte er nie etwas mit Pferden am Hut. Meiner Mutter, die aus dem Bayerischen Wald stammt, erging es nicht anders. Da nimmt es nicht Wunder, dass ich eine Zeitlang behauptete: »Der Pferdeflüsterer wurde mir nicht in die Wiege gelegt.«

Doch als ich mich nach Girlys Eingabe hinsetze, um dieses Buch zu schreiben, beschäftigte ich mich noch einmal intensiv mit meiner Kindheit. Ich bin nämlich der Überzeugung, dass wir dort häufig Impulse erhalten, die uns einen wichtigen Hinweis auf unsere wahre Natur und unsere Herzenswünsche geben. Leider kann es passieren, dass wir Kinder diese Impulse zu deuten wissen, die Erwachsenen um uns herum jedoch nicht. Als ich tief in mich hineinspürte, fand ich diesen Impuls. Tatsächlich wurde mir die Liebe zum Pferd in die Wiege gelegt – und in der Kindheit hatte ich die Chance, das zu erkennen.

Damals lebten wir im Örtchen Neukirchen am Inn, ein Dorf mit 1.500 Einwohnern in einer von Äckern, Weiden und Wald geprägten Landschaft. Dort gefiel es mir. Ich erinnere mich daran, wie ich als Junge in kurzen Hosen barfuß über die Felder tobte, neugierig in den Ställen der Bauern nach Kühen und Rindern schaute und mit Katzen spielte, die faul in der Sonne lagen. Vielleicht war es bei der Kirchweih oder einem anderen Fest, das kann ich nicht mehr genau sagen, als sich die Sache mit der Tombola zutrug. Wenn in Niederbayern gefeiert wird, kommen deftige Mahlzeiten auf den Tisch, und das Bier fließt in Strömen. Für uns Buben war das langweiliges Erwachsenenzeugs. Bei diesem Fest aber gab es eine Tombola, und der Hauptgewinn war ausgerechnet ein Pony. Heute könnte ich das nicht mehr gutheißen, doch der Dreikäsehoch damals war begeistert! Mit jeder Faser meines Körpers wollte ich das Pony gewinnen. Und während die Erwachsenen zur Musik schunkelten, die Heranwachsenden erste Wettbewerbe im Maßkrugstemmen austrugen und Kinder die Festwiese in einen Spielplatz verwandelten, harrte ich bei diesem Pony aus. Es war mit einem Strick angebunden und zeigte alle Anzeichen von Stress, die ich damals allerdings nicht zu deuten wusste. Für mich war es einfach der fehlende Kamerad, von dem meine kindliche Seele glaubte, dass er eine enorme Lücke in meinem Leben schließen könnte. Darin unterschied ich mich nicht von vielen Pferdebesitzern, mit denen ich es heute zu tun habe. Oftmals müssen ihre Pferde als Kinder- oder Partnerersatz herhalten, was natürlich nicht ihrer angestammten Rolle entspricht. Damals sah ich das Pony durch dieselbe Brille: Du wirst mein Spielkamerad werden, sprach ich ihm zu, mein Freund, mein Vertrauter, mein Ein und Alles. Ich war mir völlig sicher, dass es schon bald mir gehören würde. Entschlossen marschierte ich zum Losverkäufer und investierte meine gesamte Barschaft in genau ein Los. Mehr Geld hatte ich nicht, aber mehr brauchte ich auch nicht, daran gab es keinen Zweifel. Mit diesem einen Los würde ich den Hauptpreis gewinnen: Das Pony, das jetzt nur noch darauf warten musste, von mir nach Hause geführt zu werden. Ob wir dort für das Tier einen Platz hätten, hielt ich für eine unbedeutende Frage. Was meine Eltern dazu sagen würden ebenfalls.

Der Rest des Festes zog sich endlos hin. Natürlich war die große Verlosung als Höhepunkt des geselligen Zusammenseins gedacht. Sie sollte spät am Abend stattfinden, wenn Buben wie ich längst im Bett liegen mussten. Doch ich quengelte so lange, bis ich es schaffte, die Zeit nach Hause zu gehen um eine Viertelstunde und noch eine Viertelstunde und eine weitere Viertelstunde hinauszuzögern. Endlich, als meine Eltern längst bezahlt hatten, griff ein Mann zum Mikrofon. Ich sehe ihn noch heute vor mir, wie er die Hauptpreise verkündete: von der Nummer zehn quälend langsam zur Nummer zwei. Natürlich war ich mit meinem Los noch nicht unter den Gewinnern, die freudestrahlend aufsprangen, um ihre Preise entgegenzunehmen. Meines war schließlich das Siegerlos.

»Der Hauptgewinn unserer diesjährigen Tombola fällt auf die Nummer …«, rief der Mann ins Mikrofon. Er machte eine Pause, natürlich machte er eine Pause, und ich raufte mir die Haare. Siehst du nicht, dass meine Eltern bereits gehen wollen? Sag endlich die Nummer, damit ich mein Pony mitnehmen kann!

»…371!«

War es die 371? Oder die 52? Oder irgendeine andere Zahl? Jedenfalls war es nicht meine Losnummer. Erst war ich der felsenfesten Überzeugung, dass der Mann sich geirrt hatte. Er hatte den Zettel falsch abgelesen. Er hatte seine Brille nicht auf. Es war ein Irrtum, anders konnte es nicht sein. Doch dann betrat ein wildfremder Mensch die Bühne, schüttelte Hände und band kurz darauf unter dem Applaus der Leute mein Pony los. So seltsam es klingen mag, für den Buben in kurzen Hosen brach eine komplette Welt zusammen. Ich war derart enttäuscht, kein stolzer Ponybesitzer zu werden, dass mir beim Schreiben dieser Zeilen noch einmal klar wurde, wie viel mehr für mich dahintersteckte. Für einen Augenblick war die Tür zu meinem Herzenswunsch aufgegangen, und ich hatte einen Blick dorthin werfen dürfen, wo meine größte Sehnsucht zuhause war. Dieses Pony, von seiner Größe dem Urpferd nicht unähnlich, war der Impuls, von dem ich heu-

Manfred Weindl und seine Girly

te spreche, wenn mich Menschen fragen: »Manfred, wie kann ich mein Leben ändern, so wie du es getan hast?«

Ich rate dann dazu, in der Kindheit nach der Situation zu suchen, die einen Hinweis auf einen großen Wunsch liefert. Oft ist er mit einer Enttäuschung verbunden, weil wir unseren Herzenswunsch nicht erfüllt bekommen haben. Deshalb werden wir später im Leben zu Suchenden, wir suchen nach dem Richtigen für uns.

Erlaube ich mir heute die »Was wäre wenn«-Frage, lautet sie folgendermaßen: Was wäre, wenn ich das Pony gewonnen hätte? Oder was wäre, wenn meine Eltern meinen innigen Wunsch wahrgenommen hätten? Vielleicht wäre dieser einfache Weg gar nicht gut gewesen. Vielleicht habe ich die lange Reise machen müssen, weil nur sie am Ende dazu führte, dass ich mich heute besonders gut in die Pferde einfühlen kann? Trotzdem war es für mich wichtig, beim Schreiben des Buches herauszufinden, dass sich meine Seele schon damals mit diesen wunderbaren Geschöpfen verbunden fühlte.

Das Schicksal – oder wie immer wir unseren Lebenspfad nennen – wird niemals aufhören, uns Hinweise zu geben, bis wir den richtigen Weg gefunden haben. Manche dieser Hinweise sind einfach zu verstehen, wie der mit dem Pony. Andere sind nicht ganz so deutlich, weil sie immer mit den im Augenblick vorhandenen Möglichkeiten spielen. Genau das passierte mir einige Jahre später. Wir waren in der Zwischenzeit mehrfach umgezogen und hatten einige Jahre in Passau verbracht, bis meine Eltern den günstigen Bauplatz in Salzweg fanden. Sie tauschten die Mietwohnungen gegen ein einfaches Haus ein, und ich meine kurzen Hosen gegen lange. Mittlerweile war ich halbwüchsig geworden, und wieder stand ein Fest vor der Tür. Wieder gab es eine Tombola. War ein Pony der erste Preis? Das wäre zu viel des Guten. Der erste Preis war ein Mofa, allerdings nicht irgendeines, sondern eine Honda Monkey, mit dem heute legendären Einzylinder-Viertaktmotor und dem fußgeschalteten Dreigang-Getriebe. Wer die Welt durch die Augen eines pubertierenden Jugendlichen sieht, kann in diesem seltsam gedrungenen Zweirad durchaus ein Pony erkennen.

Dazu passt eine Anekdote, die mir ein Bekannter kürzlich erzählte: Auf seiner Reise durch die Mongolei traf er auf viele ehemalige Nomaden-Hirten. Sie waren sesshaft geworden, und das nicht freiwillig, wie er betonte. Hatten sie bisher ihre Tage auf dem Rücken von Pferden verbracht, saßen sie nun auf Motorrädern. Doch wählten sie solche Motorräder aus, die ihren kleinwüchsigen Steppenpferden am ähnlichsten waren. »Das sind jetzt unsere Pferde«, sagten sie zu meinem Bekannten. Ich schmunzelte, als er mir davon berichtete, doch damals, als ich wieder mit nur einem Los eine Tombola gewinnen wollte, war mir nicht nach Lachen zumute. Natürlich sah ich in dem Mofa eine Möglichkeit, dem engen Umfeld von Salzweg zu entkommen. Wer keinen motorisierten Untersatz hatte, schaute zu dieser Zeit schön blöd aus der Wäsche. Der letzte Bus nach Passau – mit anderen Worten in die große Welt – fuhr um 16:20 Uhr, der letzte Bus zurück um 18.20 Uhr. Zwar gab es ein Jugendhaus im Ort, doch mein großer Bruder wollte nicht, dass ich dort aufkreuzte. Weil ich ihn bewunderte und tat, was er sagte – was später weitreichende Konsequenzen haben sollte –, dauerte es lange, bis ich mich über sein Verbot hinwegsetzte. So kam es, dass ich zum zweiten Mal in meinem Leben ein Pony als Ausweg meiner Misere ansah. Dieses Mal hatte es eben einen Motor und bewegte sich auf ballonartigen Stollenreifen vorwärts.

Was soll ich sagen? Ich gewann das Mofa nicht, ein anderer knatterte mit ihm nach Hause. Das Leben wollte mich nicht mit einem Surrogat abspeisen, ich sollte das Echte finden. Doch kann man das einem Jugendlichen klarmachen, für den schon wieder eine Welt einstürzte? Heute weiß ich, mein Weg zu den Pferden begann mit den beiden Tombolas. Die ersten Schritte meiner Reise brachten mich zwar kaum voran, aber es ging zumindest in die richtige Richtung.

3

Ob auf dem Rücken eines Hengstes,
ob im Sattel einer Honda: Freiheit ist nicht nur für
John Wayne da oder Peter Fonda!

Es gibt da dieses Lied von der Thommie Bayer Band, einer der alten Gassenhauer, die wir in unserer Jugend am Lagerfeuer sangen, mit einer verstimmten Klampfe in der Hand, bei der meistens eine Saite gesprungen war. Es heißt »Der letzte Cowboy« und erzählt von einem Mann, der im Saloon von Gütersloh sitzt, dort von der Freiheit träumt, von den Frauen, und von einem Pferd mit langer weißer Mähne, das er mit dem Lasso einfing, aber wieder frei ließ, weil er weiß, dass kein Geschöpf dieser Welt in Gefangenschaft glücklich sein kann. Blicke ich auf mein erstes Leben zurück, fühlte ich mich ebenso: wie ein Gefangener. Ich hatte ein Lasso um den Hals, an dem immer wieder gezogen wurde, was dafür sorgte, dass ich keine Luft mehr bekam. Ich drohte zu ersticken, und das im wortwörtlichen Sinne. Schon bei meiner Geburt hatte sich die Nabelschnur so fest um meinen Hals gezogen, dass ich kurz vor dem Erstickungstod stand und schon ganz blau angelaufen war. Später, in der Therapie, sprach man davon, dass es aus diesem Grund kein Zufall sei, dass sich meine Panikattacken immer in Form von Erstickungsanfällen zeigen und ich dadurch unter Angstzuständen leide.

Ein Sprichwort der Lakota-Indianer sagt: Erinnerungen sind wie ein Ritt durch die Nacht mit einer Fackel in der Hand. Das Licht beleuchtet den Pfad nur ein Stück, der Rest ist pechschwarze Nacht. Genauso empfinde ich, wenn ich zurückschaue. Vieles liegt im Dunkeln, aber der Weg ist sichtbar. Wenn ich ihn noch einmal gehe, kann ich nachempfinden, wie er mich von A nach B geführt hat.

B ist da, wo ich heute bin. Ich sitze im Stall von Girly, dem Pferd, das mich geheilt hat. Friedlich steht sie hinter mir und nimmt immer wieder ein Maul voll Heu, während ich mit der Fackel in der Hand den dunklen Weg meiner Erinnerungen beleuchte. Mein Vater fällt mir dabei ein. Er wuchs auf einem Bauernhof in Mühldorf am Inn auf. Sein Vater war wohl das, was wir in der Pferdesprache einen Schinder nennen würden: einer, der seine Tiere misshandelt. Obwohl es selten zur Sprache kam, weiß ich, dass er auch vor seinem Sohn und seinen anderen Kindern nicht Halt gemacht hat. Auch die Mutter bot meinem Vater keinen Schutz, ganz im Gegenteil. Zwei Wochen nach der Geburt verschenkte sie ihn an ein kinderloses Ehepaar aus der Verwandtschaft. Als er acht Jahre alt wurde und damit in ein arbeitsfähiges Alter kam, riss ihn sein Vater von heute auf morgen aus der geschützten Atmosphäre der geliebten Pflegeeltern und holte ihn zurück. Für meinen Vater brach eine Welt zusammen. Seine Mutter kümmerte das nicht. Sie gab ihm gleich zu verstehen, was sie von ihm hielt: »Das Beste wäre gewesen, ich hätte dich gleich nach der Geburt ertränkt«, sagte sie zu ihm.

Es ist erstaunlich, wie gut mein Vater diese seelischen und körperlichen Grausamkeiten weggesteckt hat. Er wurde niemals vom Opfer zum Täter, wie ich es in meiner Zeit als Polizist so oft erleben musste. Er war und ist fürsorgend und liebevoll, und obwohl er keine Chance auf einen höheren Schulabschluss und eine damit verbundene Karriere hatte, hat er sich vom einfachen Kraftfahrer zum angesehenen Betriebsrat und Schwerbehindertenvertrauensmann hochgearbeitet. Trotzdem muss ihm das Trauma geblieben sein – dich hätte ich ertränken sollen –, und einiges davon übertrug sich auf mich. Das kommt häufiger vor, als ich jemals geahnt hätte, doch sicherlich hätte ich mich niemals damit beschäftigt, wäre mein Absturz nicht so radikal gewesen.

Von hinten nähern sich Girlys Nüstern und blasen mir warme Luft in den Nacken. Es kitzelt, und ich muss lachen. Obwohl ich in meiner Arbeit als Pferdeflüsterer strikt dagegen bin, Pferde zu vermenschlichen, ertappe ich mich mitunter selbst bei dem Gedanken, dass kaum ein Wesen mich so gut versteht wie sie. Natürlich weiß ich, dass bei Fluchttieren die »Antennen« besonders feinfühlig sein müssen, weil das im Laufe der Jahrmillionen ihr Überleben gesichert hat. Auf der anderen Seite tut es mir einfach gut, Girly bei mir zu wissen, wenn ich mit der Fackel in der Hand eines der dunkelsten Kapitel meines Lebens beleuchte.

»Das Beste wäre gewesen, ich hätte dich gleich nach der Geburt ertränkt.«

Wie kann man das zu seinem eigenen Kind sagen? Habe ich deshalb als Polizist unzählige Szenen häuslicher Gewalt erlebt, um eine Antwort auf diese Frage zu finden? Bin ich deshalb immer dorthin gegangen, wo es besonders wehtut?

Meine Fackel beleuchtet noch eine Erinnerung. Ich war ein Steppke von vielleicht zehn Jahren, als für mich feststand: Ich werde ein Tiefseetaucher. Zu dieser Zeit gehörte Hans Hass zu den berühmtesten Meeresforschern der Welt. Seine Abenteuer unter Wasser mit Haien und Rochen faszinierten mich. Klar, dass ein kleiner Junge von den Heldentaten dieses athletischen, immer braun gebrannten Mannes fasziniert ist. Allerdings: Ich mochte kein Wasser. Mehr noch, ich fürchtete mich davor, und das ist auch heute nicht anders. Allein, wenn ich ans Tauchen denke, sträubt sich alles in mir. Tauchen, sich von der Leben spendenden Luft abzuschneiden, immer in der Gefahr zu ersticken (Sauerstoffflasche hin oder her), das ist nichts für mich. Und der kleine Junge wusste das. Denn tief in seinem Inneren hatte sich die Drohung der Großmutter an seinen Vater eingenistet: »Das Beste wäre gewesen, ich hätte dich gleich nach der Geburt ertränkt.«

In der Zeit, als ich begann, für Hans Hass zu schwärmen, hatten meine Erstickungsanfälle schon begonnen. Nun verstärkten sie sich. Das Lasso um meinen Hals zog sich immer mehr zu. Ich röchelte, bekam keine Luft mehr, kollabierte. Voller Sorge brachten mich meine Eltern ins Krankenhaus. Damit begann eine Odyssee von Klinikaufenthalten, die meine Fackel nur sporadisch erhellen kann. Manches bleibt im Dunkel verborgen, wie die erste Operation meines Lebens, da war ich gerade sechs Monate alt. Ein Abszess am Zungenboden hatte dafür gesorgt, dass mein Mund anschwoll und ich zu ersticken drohte. Davon erfuhr ich allerdings erst später. Was das Licht der Erinnerung zu beleuchten vermag, sind Schmerzen und Einsamkeit. Die Schmerzen sind mit Spritzen verbunden. Spritzen, immer wieder Spritzen, die ein Arzt oder eine Krankenschwester in mich hineinbohrte, stets mit der Aussage: Es tut nicht weh oder stell dich nicht so an. Der amerikanische Schriftsteller Stephen King schreibt in seinen Lebenserinnerungen, wie er als sechsjähriges Kind ständig unter Ohrenentzündungen litt. Der Ohrenarzt sagte, »keine Angst, Stevie, es tut nicht weh«, und durchstach sein Trommelfell mit einer Nadel. »Einen derartigen Schmerz habe ich nie wieder verspürt«, schreibt King. Die Prozedur – und die Lüge des Arztes – wiederholten sich ein Jahr lang. »Einmal schrie ich so lange«, erinnert sich der Schriftsteller, »dass dieser Schrei noch immer in meinem Kopf widerhallt.« Er äußert die Vermutung, diese Erlebnisse könnten ihn zum Horrorautor gemacht haben. Mich haben meine Erinnerungen nach einem Beruf suchen lassen, der den Horror nicht in der Fantasie, sondern im realen Leben widerspiegelte.

Schlimmer noch als die Spritzen und Schmerzen wog jedoch die Einsamkeit. Meine Eltern lieferten mich im Krankenhaus ab und gingen nach Hause. Was hätten sie auch anderes tun können? Damals gab es noch keine Mutter-Kind-Stationen, selbst die Besuchszeiten waren streng reglementiert. In der Seele des kleinen Jungen setzte sich jedoch die bittere Überzeugung fest: Deine Eltern lieben dich nicht. Deine Eltern wollen dich nicht. Du bist nichts wert, du bist dauernd krank, deshalb schieben sie dich ab und stecken dich in die Klinik, wo man dir täglich Schmerzen zufügt. Wäre ich ein Pony und damit ein Fluchttier gewesen, was hätte ich getan? Natürlich, ich wäre geflohen, bei der erstbesten Gelegenheit.

Ich bin geflohen. Diese Erinnerung kann meine Fackel sehr gut erhellen, denn aus dem passiven kleinen Jungen, der sein Schicksal stets erduldet, wurde für einen Moment ein aktiver kleiner Junge, der seinen Weg geht. Immer wieder hatte ich die Schwestern gefragt, wann ich nach Hause dürfe. Einmal bekam ich zur Antwort: »Wenn deine Blutwerte stimmen.«

Wenn meine Blutwerte stimmen? Ich war sicher, dass meine Blutwerte durchaus stimmten, was immer das auch bedeuten mochte. Also konnte ich dann ja gehen. Ohne dass jemand davon Notiz genommen hätte, packte ich meine Siebensachen und verließ das Krankenhaus. Vielleicht tranken die Krankenschwestern gerade einen Kaffee oder hatten anderswo zu tun, vielleicht blätterte der Pförtner durch eine Zeitschrift oder war sonst wie abgelenkt: Jedenfalls spazierte ich zur Tür hinaus und befand mich auf einmal in der Freiheit. Ich hatte mir keine Gedanken gemacht, wie ich nach Hause kommen sollte, weil ich der felsenfesten Überzeugung war – so felsenfest wie später, als ich ein Pony oder ein Mofa mit nur einem Los gewinnen wollte –, dass sich meine Eltern bereits auf dem Weg befanden, um mich abzuholen.

Schließlich mussten sie doch wissen, dass meine Blutwerte absolut in Ordnung waren. Ich brauchte nur einen Platz zu finden, wo sie mich sehen und aufpicken konnten. Ein paar Hundert Meter vom Krankenhaus entfernt gab es eine Haltestelle. Wenn dort die Busse halten, so meine Schlussfolgerung, kann Papa da auch parken. So nahm ich meine kleine Tasche und machte mich auf den Weg. Ein paar Leute waren an der Haltestelle und sahen mich an, sagten aber nichts. Ein Bus kam, Menschen stiegen ein, andere stiegen aus, keiner nahm von mir Notiz. So vergingen die Stunden, in denen nichts passierte als das ständige Kommen und Gehen. Menschen, die einstiegen, Menschen, die ausstiegen. Und ein kleiner Junge, der mehr und mehr die Zuversicht verliert. Papa holt mich nicht ab. Mama kommt auch nicht. Natürlich nicht, sie haben dich schließlich abgegeben, kapier das endlich! Du bist nichts wert. Sie wollen dich nicht zuhause haben. Sie wollen nur deinen Bruder. Der ist was wert, der ist nie krank. Du dagegen bist immer krank, dich muss man mit Spritzen stechen. Das hast du auch verdient. Hast du nicht immer diese Wutanfälle? Hast du nicht erst kürzlich mit einem Stein ein Fenster eingeworfen? Einen wie dich muss man ja weggeben. Irgendwann war meine Hoffnung ganz dahin, und ich suhlte mich in diesen traurigen Gedanken, jeder von ihnen verdunkelte mein Gemüt. Jahrzehnte später, als in meiner therapeutischen Behandlung die Depression zur Sprache kam, wurde mir klar, dass ich schon als Kind die dunkle Wolke kannte, die jedes Licht erlöschen lässt. Joanne K. Rowling beschreibt in den *Harry-Potter*-Romanen die sogenannten Dementoren: Wesen, die in der Lage sind, jegliche Freude aus den Menschen zu saugen, was als härteste Strafe in der von ihr erfundenen Welt gilt. Damit schildert sie sehr anschaulich, was in einer Depressionsphase geschieht. Da ist einfach keine Freude mehr da. Dort, an der Bushaltestelle, als mir klar wurde, dass keiner mich abholen würde, verschwand die Freude aus meinem Leben. Ich nahm meine Tasche, stand auf und ging zurück zum Krankenhaus. Dort herrschte große Aufregung. Eine der Ordensschwestern der Klinik nahm mich in Empfang. Sie schrie auf, als sie mich entdeckte, kam angelaufen und verpasste mir eine schallende Ohrfeige. Dann zog sie mich hinter sich her. Meine Blutwerte waren nicht in Ordnung, ich brauchte eine Spritze. Ich war ein wertloses Kind. Und ich war voller Angst.

»Herr Weindl«, sagt die Stimme am Telefon, »kommen Sie auch nach Köln?«

Ich lache. »Zum Karneval?«

»Das nun nicht gerade. Zu Loki, meinem Isländer-Wallach.«

Natürlich komme ich nach Köln. Ich komme überall hin, wo Menschen und ihre Pferde meine Hilfe benötigen. Und bei Loki und Anne, der Besitzerin, ist das der Fall. Obwohl Anne erst 18 Jahre alt ist, hat sie schon einige Erfahrung mit Pferden. Sie ist eine dieser jungen Frauen, die ihre Kindheit und Jugend im Stall verbrachten. Ihr Loki ist fünf Jahre alt, was einem Menschenalter von 32 Jahren entspricht. Nach der Studie von S.E. Blackwell, 2007 von der North American Veterinary Conference veröffentlicht, geht man davon aus, dass das erste Lebensjahr des Pferdes 12 Menschenjahren entspricht. Die Entwicklung des Tieres in diesem Jahr ist sehr umfangreich. Sein zweites Lebensjahr setzt man dem 19. Geburtstag des Menschen gleich. Das 11. Lebensjahr eines Pferdes entspricht dem 46. des Menschen. Wird ein Pferd 18 Jahre alt, wie es Girly zu dem Zeitpunkt ist, als ich diese Zeilen schreibe, liegt das menschliche Äquivalent bei knapp 64 Jahren. Und ein Pferdemethusalem von 40 Jahren wäre als Mensch 118,5 Jahre alt.

»Was ist das Problem bei Loki?« Ich sage *bei* Loki, nicht *mit* Loki, denn auf diese kleinen Unterschiede kommt es mir an. Viele der Anrufer mit Panik in der Stimme behaupten, ein Problem mit ihrem Pferd zu haben. In Wahrheit ist es andersherum: Ihr Pferd hat ein Problem mit ihnen. Anne versteht die sprachliche Unterscheidung.

»Bei Loki ist es so«, sagt sie. »Sobald der Hufschmied kommt, um die Hufe zu bearbeiten, steigt er. Wir müssen ihn jedes Mal sedieren.«

Wenn vom Bearbeiten der Hufe die Rede ist, muss man wissen: Ursprünglich hatten Pferde keine Hufe, sie waren Zehengänger. Von diesen Zehen gibt es noch Relikte zu sehen, wie die Griffelbeine. Das sind schmale, längliche Knochen, die paarig an der Hinterseite der Beinröhre liegen. Sie sind nichts anderes als verkümmerte Mittelfußknochen der ehemaligen zweiten und vierten Zehe. Dann sind da noch die Kastanien. Sie bestehen aus Horn und befinden sich an den Innenseiten der Vorderbeine, oberhalb der Vorderfußwurzelgelenke, sowie an den Innenseiten der Hinterbeine unterhalb vom Sprunggelenk. Man geht davon aus, dass auch sie Überreste verkümmerter Zehen sind. Als im Laufe der Evolution die Erde ihr Antlitz veränderte und aus vielen Feuchtgebieten Steppen wurden, entwickelte sich auch das Urpferd weiter. In trockenen Steppen läuft es sich mit Zehen nicht so gut, Hufe sind da praktischer. So wurde aus dem Zehengänger nach und nach ein Hufgänger. Es leuchtet ein, dass diese Hufe für ein Fluchttier von überragender Bedeutung sind. Sie garantieren in freier Wildbahn sein Überleben und seine Gesundheit. Doch hier sind wir schon bei der Krux an der Sache. In Freiheit grasen Pferde bis zu 18 Stunden am Tag und legen dabei zehn bis fünfzehn Kilometer zurück. Ihre Hufe nutzen sich dabei ganz natürlich ab. Das ist in der Gefangenschaft nicht mehr der Fall. Daher können unsere Pferde nur durch die fachgerechte Hufbearbeitung auf Dauer gesund und leistungsfähig bleiben. So ist der Beruf des Hufschmieds entstanden. Weil seine Arbeit bei Pferd und Mensch zu Stresssituationen führen kann, lassen viele Pferdehalter gleich den Tierarzt mitkommen, damit er das Pferd sediert, was nichts anderes heißt, als ihm ein Beruhigungsmittel zu verpassen. Dieses Mittel, in niedriger Dosis eingesetzt, dämpft die Funktionen des zentralen Nervensystems, und das Pferd wird ruhiger. Obwohl die eingesetzten Mittel durchaus gut verträglich sind, belasten sie den Organismus des Pferdes dennoch und müssen von seiner Leber abgebaut werden. Ich halte es deshalb für besser, Sedierungen nur dann einzusetzen, wenn sie medizinisch indiziert sind oder ein Notfall eintritt, das Tier zum Beispiel in die Klinik muss und nicht auf den Anhänger gehen will. Wobei natürlich jeder Pferdehalter im Vorfeld dafür Sorge treffen sollte, dass sein Pferd verladbar ist.

Es gibt noch einen weiteren Grund, weshalb ich ein Verfechter einer stressfreien Hufschmiedbehandlung bin. Die Hufe der Pferde sind eines dieser vielen kleinen Wunder des Lebens. Pferde haben viel Körpermasse im Vergleich zur Größe ihres Herzens. Um als Fluchttier diesen Körper schnell in Bewegung zu bringen, reicht dessen Pumpleistung nicht aus. Pferde haben ab dem Sprung- beziehungsweise Karpalgelenk abwärts keine Muskulatur mehr, die den Blutumtrieb unterstützen könnte. Daher wird bei jedem Schritt aus den vier Hufen ein Schnapsglas Blut in den Körper gepumpt. Aus diesem Grund bezeichnet man Hufe auch als »zweites Herz des Pferdes«. Umso wichtiger, dass auch bei Loki die Bearbeitung seiner Hufe zukünftig ohne Stress und Kampf ablaufen kann und er dafür nicht jedes Mal sediert werden muss.

»Das Sedieren kann keine Dauerlösung sein«, sage ich zu Anne, die ganz meiner Meinung ist. Damit ist der erste Schritt getan: Ist der Besitzer eines Pferdes überzeugt, dass eine wenig tiergerechte Haltung geändert werden muss, macht das meine Arbeit leichter. Ich fahre mit einem guten Gefühl nach Köln.

Als ich mein Auto auf den Hof steuere, kann ich das Geld bereits riechen. Pferdehaltung ist kein billiges Hobby, was hin und wieder dazu führt, dass Menschen, die finanziell gut gestellt sind, aber nicht über den nötigen Sachverstand und oft auch nicht über das nötige Interesse verfügen, sich eben »ein paar Pferde« halten. Im Gegenzug finanzieren sie den Hof, so dass auch junge Frauen wie Anne, die jeden Cent zweimal umdrehen müssen, die Möglichkeit haben, ihr Pferd dort unterzubringen. So hat eben jede Medaille zwei Seiten. Da die Leute mit dem Geld meist auch den Ton angeben, hat Anne ein weiteres Problem.

»Die Bohns meinen, Loki sei gefährlich und stur«, sagt sie zur Begrüßung. »Ich müsse ihm mal zeigen, wo der Hammer hängt.«

»Wer sind die Bohns?«

»Dr. Bohn und seine Frau.« Annes Hand macht eine umfassende Kreisbewegung. »Ihnen gehört das alles.«

»Und was haben dir die Bohns geraten?«

In den meisten Fällen bin ich mit meinen Kunden schnell beim Du. Es ist schließlich eine persönliche Sache, die wir zusammen angehen wollen.

»Sie sagen, bei einem so sturen Pferd müsse man mal draufhauen.« Anne schlägt die Augen nieder. »Wie sie es bei ihren eigenen Pferden machen.«

»Und? Haben sie Erfolg damit?«

Sie schüttelt den Kopf. »Kann man so nicht sagen.«

»Ich denke, wir sind uns einig. Kein Mensch hat das Recht, einem anderen Lebewesen Schmerzen zuzufügen, nur weil es nicht das tut, was er will.«

Kein Mensch hat das Recht, ein Kind zu ohrfeigen, weil es Angst vor den Schmerzen hat und nach Hause will.

»Und glaube mir«, füge ich hinzu. »Es gibt Wege, um Loki dazu zu bringen, den Hufschmied freiwillig ranzulassen.«

Loki ist auf der Weide. Ich öffne das Gatter und trete ein. Dann tue ich das, was ich bei Girly gelernt habe. Als ich sie kennenlernte, war ich grün hinter den Ohren und hatte keine Erfahrung mit Pferden. Also fing ich an, sie zu beobachten. Das tat ich stundenlang, tagelang. Ich verhielt mich wie ein Artgenosse auf der Weide. Wahrscheinlich habe ich in meinem ganzen Leben nicht so viel über Pferde gelernt wie damals in den Anfangszeiten.

Auch jetzt beschränke ich mich aufs Beobachten. Was macht der Kopf von Loki, was tun seine Beine, was macht der Schweif? Wo zucken Muskeln, was sagen mir seine Augen? Nein, das ist kein ängstliches Pferd. Loki wirkt unsicher, aber schließlich bin ich ein Neuankömmling. Noch ist sich das Fluchttier nicht darüber im Klaren, ob ich Gefahr bedeute. Pferde sind Formenseher, ein Umstand, der mich immer wieder aufs Neue fasziniert: Sie erkennen ganz klar, wenn sich die Form von etwas verändert, und sei es noch so minimal. Viele Pferdebesitzer können sich darauf keinen Reim machen.

»99 Mal«, berichten sie mir, »ist mein Pferd am Holzstoß vorbeigegangen. Und heute scheut es und wirft mich ab! Was ist da los?«

Vermutlich kam der Bauer vorbei und hat ein paar Scheite vom Holzstoß genommen. Uns Menschen fällt das nicht auf, dem Pferd schon: Der Holzstoß hat seine Form verändert, das kann Gefahr bedeuten. Der Grund für eine veränderte Form in der Steppe kann ein Raubtier sein. Ob es ein Puma ist, eine Hyäne oder ein Wolf, ist für das Pferd nicht wichtig. Die veränderte Form genügt, um den Fluchtinstinkt anzusprechen – dieser Reflex schafft ihm den nötigen Vorsprung vor dem gefährlichen Räuber. Heute erschrecken nicht Pumas, Hyänen und Wölfe unsere Pferde, zumindest nicht bei uns, sondern nur ein paar Scheite, die am Holzstoß fehlen. Der Reflex ist aber immer noch derselbe.

Deute ich Lokis Körpersprache, spüre ich Unruhe. Die Form der Weide hat sich durch mich verändert, sein genetisches Gedächtnis signalisiert: Vorsicht, es könnte ein Angreifer sein. Mit allem Recht der Welt ist das Pferd misstrauisch. Doch ebenso schnell lernt es, ob sein Argwohn überflüssig ist. Denn hier kommt eine zweite Komponente ins Spiel. Das genetische Gedächtnis lässt Loki auch heute noch ein Herdentier sein. Und diese Herde bedeutet Schutz. Nun könnte ich auch Teil der Herde sein. Mehr noch: Ich könnte der Boss dieser Herde sein. Ein guter Boss bedeutet noch mehr Schutz. Zwischen diesen Extremen wägt das Pferd ab. Loki braucht dazu nicht lange. Innerhalb von wenigen Minuten lässt er sich auf mich ein. Ich gehe zu ihm und lege ihm einen lockeren Führstrick an. Dann mache ich ein paar behutsame Übungen: Erst lasse ich ihn vor mir weichen, dann nehme ich den Strick enger, und wir gehen gemeinsam, ich einen Schritt voraus, nicht an seiner Schulter, wie es viele Lehrbücher vorschreiben. Schließlich bin ich der Boss. Und der Boss geht nun mal voran.

In einer funktionierenden Herde in der Natur, die einen größeren Familienverband darstellt, geht immer die Leitstute voraus. Sie hat die führende und stoppende Position. Der Leithengst befindet sich hinten in der sogenannten treibenden Position. Wenn ich mich nicht an die Fachbücher halte, sondern ein Stück vor Lokis Schulter gehe, genügt das für ihn, um mich als Leitstute zu akzeptieren.

Solche Übungen sind vertrauensbildende Maßnahmen. Vielleicht lesen wir über die Worte »führende und stoppende Position« allzu schnell hinweg. Sie haben eine große Bedeutung, denn zuallererst bedeutet diese Position Verantwortung. Wer den Hochstatus innehat – wer also der Boss ist –, führt die Herde an allen Gefahren vorbei zum Wasser und zum Futter. Übertragen auf unsere Gesellschaft bedeutet das: Wer beispielsweise ein Unternehmen führt, steht in der Verantwortung, seine Angestellten durch die sich ständig verändernde Lage des Marktes zu lotsen. Er wird im besten Falle alle Gefahren wie Umsatzeinbrüche, Kursschwankungen oder feindliche Übernahmen vermeiden oder abwehren und die Firma dorthin führen, wo die Arbeitsplätze sicher und die Erträge üppig sind. Wie schwierig diese Aufgabe ist und wie häufig gut ausgebildete Unternehmer daran scheitern, entnehmen wir tagtäglich den Medien. Und wenn wir als Mitarbeiter noch so gerne über »die da oben« schimpfen, sind wir alle über weitsichtige Vorgesetzte mit guten Strategien froh. Denn sie garantieren unseren Arbeitsplatz und unser berufliches Fortkommen.

Das alles funktioniert in einer Herde nicht anders, auch nicht in der kleinen Zweierherde, die ich mit Loki gegründet habe. Meine Übungen zeigen ihm, dass ich ein guter Boss bin. Er muss keine Angst haben, dass ich ihn in Gefahr bringe, er kann Vertrauen schöpfen. Weil er das tut, bin ich in der Lage, das eigentliche Problem anzugehen. Ich berühre ihn am Rücken, am Bauch, am Hals, am Kopf, und er lässt es geschehen. Kaum verirrt sich meine Hand aber an die Innenseite der Oberschenkel, beginnt Loki zu zittern. Mehr noch, er setzt sich aufs Hinterteil und schlägt mit den Vorderbeinen in die Luft. Eindeutig verspürt er Druck, obwohl meine Hand keinen Druck ausübt. Es ist der psychische Druck, es ist die Drohung der Spritze, die ein kleiner Junge in den Händen der Krankenschwester erblickt. Die Spritze hat eine ganz normale Größe, doch in seinen Augen ist sie riesengroß. Ihre Spitze ist scharf wie ein Dolch. Der Junge will die Augen abwenden, aber er kann nicht. Wie das Kaninchen vor der Schlange sieht er zu, wie die Schwester die Spritze aufzieht, die Flüssigkeit darin erscheint ihm wie pures Gift. Gleich wird sie ihm den Dolch in den Arm stoßen und das Gift injizieren. Dabei wird sie sagen, keine Angst, es tut nicht weh, und der Junge weiß, das ist eine gemeine Lüge. Er hat kein Vertrauen zu der Schwester, denn sie hat immer gelogen. Es hat immer wehgetan. Ihm wäre es lieber, sie würde einmal die Wahrheit sagen, aber das kann sie nicht. Man hat ihr beigebracht, kleine Patienten anzulügen.

Loki ist wie dieser kleine Junge, und ich könnte die Schwester sein. Meine Hand auf seinem Oberschenkel ist der Dolch. Also nehme ich sie weg, und sein Zittern lässt nach. Loki erhebt sich. Ich streichle seinen Bauch, er lässt es zu. Dort interpretiert er meine Hand nicht als Gefahr. Dort hat ihn der Hufschmied nicht traktiert. Ich arbeite mich ganz vorsichtig und behutsam nach hinten. Zehn Minuten lasse ich mir dafür Zeit. Das ist nicht übermäßig viel, aber manche Pferdebesitzer sehen das anders. Sie haben keine Geduld mit »ihrem sturen Gaul«. Dabei sind diese zehn Minuten immens wichtig. Jede Sekunde davon sagt Loki, dein Boss weiß, was er tut. Du kannst ihm vertrauen. Schließlich komme ich erneut am Oberschenkel an. Ich lege die Hand darauf. Loki zittert nicht. Er stellt sich nicht auf die Hinterbeine, er schlägt nicht aus. Was ich tue, ist okay für ihn. Er vertraut mir.

Ich nehme den Hufkratzer, den ich mir zuvor in die Tasche geschoben habe. Ich hebe Lokis Bein an und klopfe damit auf seinen Huf. Von Anne kommt ein Geräusch, das ich häufig von Besitzern sogenannter Problempferde höre: das zischende Einziehen von Luft, das so viel sagt wie: Vorsicht! Tu das nicht! Und später: Das ist doch ganz und gar unmöglich, ich trau meinen Augen nicht!

Wenn wir unsere Pferde richtig behandeln, kann jeder dieses Ergebnis erzielen. Dann kann ich getrost in Rente gehen, denn eine Welt, die keinen Pferdeflüsterer braucht, ist eine Welt voll glücklicher Pferde. Doch so weit sind wir noch nicht. Bis dahin zeige ich Anne einen Trick, der ebenfalls kein Trick ist, sondern nur eine weitere Möglichkeit, es Loki so bequem wie möglich zu machen. Erinnern wir uns: Der Job der Leitstute, also der Job vom Boss, ist für Sicherheit und Komfort zu sorgen. Ziehe ich Lokis Hinterbeine nicht nach hinten, wie man das von Hufschmieden häufig zu sehen bekommt, sondern knie ich mich hin und hebe das Hinterbein leicht an, sorge ich für Komfort. Und das ist nun mal meine Aufgabe als Hochstatus.

»Dein Pferd«, sage ich Anne, und gleichzeitig sage ich das allen Bohns dieser Welt, »ist nicht stur. Es hat nur Angst. Große Angst sogar.«

Die Angst vor der Spritze. Die Angst vor dem Hufschmied. Die Angst, missverstanden zu werden. Davon kann ich ebenfalls ein Liedchen singen. Und weil das so ist, verstehe ich Loki. Ich verstehe, wie wir auf Angst reagieren. Eine Antwort gibt die Frustrations-Aggressions-Hypothese. Sie weist nach, dass jeder Mensch auf persönliche Art auf Frustrationen reagiert. Manche werden aggressiv – das habe ich als Polizist häufig genug erlebt –, andere flüchten. Das kenne ich ebenfalls aus dieser Zeit. Die Soziologen nennen dieses Phänomen »aus dem Felde gehen«, ein anschauliches Bild, wie ich finde. Der kleine Junge »geht aus dem Felde« und flüchtet aus der Klinik, aus Angst vor dem Schmerz und der Einsamkeit.

Die Soziologie prägte auch den Begriff »Verschiebung«, was nichts anderes bedeutet, als einem Mitmenschen den Schwarzen Peter zuzuschieben. Kommt uns auch bekannt vor, oder? Ich war das nicht, er war es! Beim Menschen kennen wir um die zwanzig Möglichkeiten, auf Frustrationen zu reagieren. Bei Pferden dominiert das »aus dem Felde gehen«, also die Flucht. Nur ist dies meist nicht möglich. Kündigt sich ein Hufschmied an, wird der Pferdebesitzer alles dafür tun, dass sein Pferd nicht abhaut. Was bleibt diesem dann noch übrig? Richtig, die Aggression. Steigen, auf die Hinterbeine gehen, sich größer machen, Drohgebärden zeigen. Und wenn das nicht genügt: treten und beißen. Mit Sturheit hat das nichts zu tun. Mit Angst und Frustration hingegen sehr viel.

Das ist das, was ich Anne erläutere. »Ein Fluchttier steht nicht gerne auf drei Beinen. Wie soll es da flüchten können? Auch das Ausbalancieren ist für manche Pferde alles andere als einfach.«

Anne versteht das und verspricht, dafür zu sorgen, dass der Hufschmied nicht länger an den Hinterbeinen von Loki zerrt. Es ist ihre Aufgabe, Führungsqualitäten an den Tag zu legen, auch wenn es nicht leicht sein wird. Gut möglich, dass ihr der Hufschmied entgegenhält, dass er diesen Job lange genug macht, um zu wissen, wie man ihn ausübt. Dann werden Dr. Bohn und seine Frau nicken und ihr klarmachen, dass sie viel zu jung ist, um mit dieser geballten Erfahrung konkurrieren zu können. Da muss Anne durch – wie jeder, der ein guter Pferdehalter sein will. Wenn sie es schafft – und ich bin mir sicher, das tut sie, denn sie zeigt die nötige Entschlossenheit – wird sie auch außerhalb des Pferdelebens davon profitieren. Wer für sein Tier Verantwortung übernimmt, kann das auch für sich selbst und seine Mitmenschen.

»Sag dem Hufschmied, er soll auf die Lederschürze verzichten. Loki bringt sie mit negativen Erfahrungen in Verbindung«, gebe ich Anne mit auf den Weg. »Am besten, ihr wählt einen neuen Schmiedeplatz aus. Bindet Loki nicht an, haltet ihn am lockeren Führstrick. Du hebst sein Bein sanft an, wie ich es getan habe, und der Hufschmied soll sich zur Arbeit hinknien.«

Anne schluckt, und ich sehe sie im Geist drei Kreuze schlagen. Sag das mal einem Veteranen, »knie dich hin, wenn du mein Pferd beschlägst«. Auf der anderen Seite kenne ich genügend verständige Hufschmiede, die heilfroh sind, wenn das Pferd, das sie bearbeiten müssen, nicht unter Stress steht. Anne verspricht, ihr Bestes zu geben. Eine Woche später läutet mein Telefon.

»Geschafft!« Ihre Stimme ist pure Freude. »Der Hufschmied kam, ich hab's ihm gesagt, und er meinte, kein Problem. Ehrlich gesagt hätte ich ihm das gar nicht zugetraut.«

»Tja«, lache ich. »Wenn man nicht fragt, ist die Antwort immer Nein.«

»Auf die Sedierung konnten wir komplett verzichten. Herr und Frau Bohn haben nicht schlecht gestaunt.«

Und dabei ist es geblieben. Anne und ich sind weiterhin im lockeren Kontakt, aber ich musste nicht mehr nach Köln fahren. Als Pferdeflüsterer mache ich meinen Job dann gut, wenn ich die Gründe für meine Arbeit aus der Welt räume.

Der Auslöser von Lokis Reaktionen waren seine schlechten Erfahrungen und die daraus entstandene Angst. Wie gut konnte ich mich da hineinversetzen, denn ich kenne den Schmerz. Ich kenne die Angst. Wie oft habe ich mir in der Klinik gewünscht, dass ein guter Boss Verantwortung übernimmt und den kleinen Jungen von der Angst befreit. Ist das nicht die Aufgabe der Eltern, höre ich die Frage? Das stimmt. Meine Eltern gaben ihr Bestes, so wie ich es als Vater ebenfalls versuche, und die meisten Menschen in meiner Umgebung auch. Doch manchmal gibt es Situationen, da sind uns sprichwörtlich die Hände gebunden. Vielleicht war das zur Zeit meiner Kindheit in den 60er Jahren noch häufiger der

Fall. Wenn ich im Krankenhaus war, durften meine Eltern nur sporadisch bei mir sein, und da die Zahl meiner Klinikaufenthalte zunahm, bekam ich sie selten zu Gesicht. Ich war in der Klinik, um gesund zu werden, doch stattdessen bekam ich immer neue Krankheiten. Mir war schlecht, ich hatte Panikattacken, die Erstickungsanfälle häuften sich. Krupp-Husten, sagten die einen Ärzte, es könnte Leukämie sein die anderen. War es ein Wunder, dass ich in dieser Zeit zum Einzelgänger wurde? Ich gehörte schließlich nicht mehr zur Herde, denn die Herde war längst anderswo. Bis sich im Alter von zehn Jahren eine Menge in meinem Leben änderte, war ich wie Loki: umgeben von Leuten, die alle besser wussten, was gut für mich war, aber den Beweis dafür niemals antraten. Statt etwas Neues auszuprobieren, das dem verängstigten Jungen helfen könnte, setzte man auf die alte Methode, fügte mir Schmerzen zu und belog mich dabei: »Keine Angst, es tut nicht weh.«

Irgendwann sind Wesen wie Loki und ich davon nicht mehr zu überzeugen.

4

Aus der stillen Oberfläche eines Sees brechen ein Pferd und sein Reiter hervor. Der Reiter ist ein großgewachsener Mann mit langem Haar. An seinem linken Ohr glitzert ein roter Stein, auf der Brust trägt er blaue Heilsteine, ein Blitz ist über sein Gesicht gezeichnet. Sein Pferd ist stark und flink und wechselt ständig die Farbe: rot, gelb, schwarz, weiß und blau. Dann ist die Luft von Gewehrkugeln und Pfeilen erfüllt, aber nichts kann Reiter oder Ross verletzen. Doch auf einmal sind sie umgeben von Menschen ihres eigenen Stammes. Sie ergreifen den Reiter und ziehen ihn vom Pferd herab. Und der Traum endet.

So beschreibt Joseph M. Marshall III die *Hanbleceya* genannte Vision, die sein Urgroßvater Tasunke Witko, bekannt als Crazy Horse, im Alter von zehn Jahren hatte. Neben Tatanka Iyotake – Sitting Bull – zählt Crazy Horse noch heute zu den hoch geschätzten Anführern der Lakota-Indianer, die vor Ankunft der weißen Siedler die Steppen von Süd-Dakota, Wyoming und Montana besiedelten, ein Gebiet um ein Vielfaches größer als Deutschland. Crazy Horse war Oglala: Einer dieser Pferdemenschen, die den großen Bisonherden folgten, welche den Westen der USA bis in die zweite Hälfte des 19. Jahrhunderts bevölkerten. Es gibt kaum eine andere Nation, die so eng mit dem Pferd verbunden war wie die Lakota. Dabei waren sie einige Generationen vor Crazy Horse noch Ackerbauern gewesen. Erst die Ankunft des Pferdes in Amerika machte sie zu den besten Reitern, die die Welt je gesehen hat.

Man geht davon aus, dass die ersten Pferde um das Jahr 1527 amerikanischen Boden betraten, und zwar mit einer spanischen Expedition unter Alvar Nuñez Cabeza de Vaca in Galveston Island im Golf von Mexiko. Dort lebten Han- und Capoque-Indianer als Jäger und Sammler, und wie man dem Bericht »Abenteuer im unbekannten Inneren von Amerika« von Cabeza de Vaca entnehmen kann, wurden die spanischen Konquistadoren von ihnen gefangen genommen. Kamen die spanischen Pferde dabei frei? Verbreiteten sie sich von dort über den Kontinent? Gelangten sie so eines Tages in den Herrschaftsbereich der Lakota und erkannten diese den Vorteil des Reitens gegenüber dem Gehen in grasbewachsener Steppe? In den Büchern, welche Enkel und Urenkel der Lakota-Häuptlinge über ihre Vorfahren verfassten, finden wir wenige Hinweise dazu. Und auch zu der Frage, wie lange es brauchte, um aus sesshaften Bauern ein Volk von Pferdemenschen zu machen, die mit ihren Reittieren geradezu verwachsen waren. Daher dürfen wir uns unsere eigenen Vorstellungen machen. In meiner steht ein Urahn von Crazy Horse das erste Mal vor einem Pferd, wie ich damals vor Girly stand: im fortgeschrittenen Mannesalter, ohne jegliche Erfahrung, doch von dem Willen getrieben, mit diesem wunderbaren Wesen Kontakt aufzunehmen. Meine Girly befand sich damals auf einer Weide, das Pferd des Urahns graste in der Wildnis, irgendwo zwischen dem Yellowstone Fluss und dem Missouri, vielleicht in den Schwarzen Bergen, die für Lakotas heilig waren. Dort hielten sie ihre Sonnentänze ab, und dort entschied High Back Bone, der Mentor von Crazy Horse, dass dessen *Hanbleceya* seine wahre Zukunft vorhersagte, die auch tatsächlich so eingetreten ist: Crazy Horse überlebte das Grattan-Massaker, die Schlacht am Platte River und den ungleichen Kampf gegen eine weiße Übermacht, der als »Hundred in the Hand« in die Annalen seines Stammes einging. Er besiegte zwei der bekanntesten Führer der Eroberungsarmee, General George Crook und George Custer am Little Bighorn. Am Ende wurde er von Little Big Man, einem Angehörigen seines eigenen Volkes, verraten und getötet.

Was zählte in seinem Leben, berichtet Joseph M. Marshall III, war die Freiheit, verkörpert durch ein Leben mit den Pferden.

»Ich bin dort geboren, wo alles frei atmen kann«, sagte er einmal. Das berührt mich, weil ich die Freiheit ebenso schätze.

Als ich zehn Jahre alt wurde, änderte sich vieles. Ständiges Schlechtfühlen, miese Blutwerte, Erstickungsanfälle, Abszesse? Fehlanzeige. Ein Einzelgänger, der einsam in Kliniken vor sich hin vegetiert? Von wegen! Als hätte ich beschlossen, noch einmal neu zu beginnen – in diesem Fall wäre ich jetzt in meinem dritten Leben angelangt –, wurde aus dem zugeknöpften, kranken und ängstlichen Jungen ein aufgeschlossener, gesunder und mutiger Wildfang. Woran das lag, kann ich nicht sagen. Den Teil meines Weges vermag die Fackel der Erinnerung nicht zu beleuchten. Umso deutlicher aber sehe ich mich von nun an über Wiesen und Felder toben, in Ställe schauen und mit Katzen spielen: Damals entstand meine enge Beziehung zum Leben auf dem Land, die auch heute noch besteht. Ich bin nie ein Stadtmensch geworden. Wann immer es mich in die Großstadt verschlägt, ergeht es mir wie den Tieren einer Pferdestaffel der Polizei: Auch wenn sie funktionieren, sind sie doch immer angespannt und nervös. Auch ich weiß, dass mein angestammter Platz woanders liegt. Zwischen Wäldern, Wiesen und Flüssen fühle ich mich daheim. Dort, wo sich auch die Pferde zuhause fühlen, wo sie ihrer ursprünglichen Freiheit am nächsten sind.

Wäre ich ein Stadtmensch, müsste dann Hongkong ein Ziel sein? Eingekreist von Tausenden Hochhäusern liegt dort die Happy Valley-Pferderennbahn. Hausherr in Happy Valley ist der Jockey-Club, und Chef dort der Deutsche Winfried Engelbrecht-Bresges. In Happy Valley gibt es 1200 Rennpferde und Reitsport rund um die Uhr, denn in Hongkong sind die Leute verrückt danach. An einem durchschnittlichen Renntag werden dort 100 Millionen Euro umgesetzt, was so viel ist wie auf allen deutschen Rennbahnen in drei Jahren zusammen. Somit schafft dieser Pferdeverein im Jahr einen Umsatz von 14,3 Milliarden Euro. Als gebürtiger Bayer sei mir der Vergleich zum FC Bayern München erlaubt: Der mächtige Fußballverein erreicht gerade mal drei Prozent dieser Summe. Der Jockey-Club ist damit nicht nur der größte Arbeitgeber Hongkongs und der größte Steuerzahler, sondern vor allem der Beweis dafür, wie pferdesüchtig Menschen sein können.

Wobei diese Pferdesucht oft nicht mit dem Wohlergehen der Tiere gleichgesetzt ist. Das lerne ich an diesem Tag, als ich die SMS lese, die morgens um sechs Uhr hereinkommt.

»Wir ziehen um«, lautet die Mitteilung. »Aber Artos will nicht in den Anhänger.«

Ich wähle die Nummer.

»Schanzlhofer«, meldet sich eine weibliche Stimme mit fränkischem Akzent.

»Hier ist Manfred Weindl. Der Pferdeflüsterer.«

»Gut, dass Sie anrufen! Wir müssen umziehen. Der Hof wird aufgelöst. Können Sie kommen?«

Die Frau nennt mir eine Adresse nördlich von Nürnberg. Eigentlich kann ich nicht kommen, denn mein Tag ist bereits verplant, doch die Sache hört sich dringlich an. Der Pferdehof, auf dem Artos untergebracht ist, wird vom Eigentümer geschlossen. Das weiß Frau Schanzlhofer zwar schon seit einem halben Jahr, doch sie auf man-

Ein Pferd wird auf den Anhänger verladen – eine der Hauptaufgaben des Pferdeflüsterers

gelnde Planung aufmerksam zu machen ist jetzt nicht meine Aufgabe. Ein Pferd braucht Hilfe, seine Eigentümerin ebenso. Der Notarzt fragt das Unfallopfer schließlich auch nicht, warum es diese Straße und nicht eine andere genommen hat. Er hilft, denn das ist sein Job.

Die Autobahn rund um Nürnberg ähnelt einem Parkplatz, Stau in alle Richtungen. Ich erreiche den Hof daher eine Stunde später als angekündigt. Es macht mich immer ein wenig traurig, wenn ein Hof aufgelöst wird, vor allem, wenn er landschaftlich so schön liegt wie der von Artos. Girly und ich haben selbst mehrmals den Hof wechseln müssen, daher weiß ich, wie stressreich das für Mensch und Tier ist. Die anderen Pferde sind schon verladen und bereit für die Fahrt ins neue Zuhause. Nur ein scheu tänzelnder Trakehner-Wallach steht angebunden vor dem Stall. Eine Menge Leute sind um ihn herum. Offenbar hat jeder sein Glück schon mal probiert, ohne ihn zum Einstieg in den Anhänger bewegen zu können.

Renate Schanzlhofer hat vor Aufregung rote Flecken auf der Wange. Wir begrüßen uns, und ich frage, wie alt Artos ist.

»Genau zwölf«, sagte sie. »Er hatte letzte Woche Geburtstag. Da bekam mein Schatz eine Extraportion Lieblingsfutter.«

Ich lächle in mich hinein. Dann stelle ich die Frage: »Wusste er, dass er Geburtstag hat?«

»Wie meinen Sie das?«

Ich erkläre es ihr: Natürlich ist es kein Problem, seinem Pferd zum Geburtstag eine Extraration zu geben, wenn es dem Besitzer etwas bedeutet. Gefährlich ist nur, wenn wir uns die damit verbundene vermenschlichende Denkweise im täglichen Umgang mit dem Pferd zu eigen machen. Wenn wir uns also, falls es mal nicht das tut, was wir wollen, fragen: Warum macht es das jetzt nicht? Eigentlich müsste es doch dankbar sein, wo es doch erst neulich eine extra Portion Futter bekommen hat. Doch das weiß das Pferd natürlich nicht. Menschliche Dankbarkeit, überhaupt eine menschliche Sichtweise der Dinge, wurde ihm schließlich nicht in die Wiege gelegt. Alles in allem ist das sehr verwirrend für das Tier.

In meinen ersten Jahren als Pferdeflüsterer fühlte ich mich nie besonders wohl, wenn Dutzende Menschen meine Arbeit mit nicht immer wohlwollenden Kommentaren bedachten.

»Das ist also der Pferdeflüsterer«, hörte ich manchmal, »na, schau'n wir mal, was der besser können soll als wir.«

Damals trug ich einen Cowboy-Hut, was ebenfalls gedeutet wurde: »Hält sich wahrscheinlich für Old Shatterhand. Würd mich nicht wundern, wenn gleich auch Winnetou um die Ecke biegt.«

Zwar bin ich mit Büchern von Karl May aufgewachsen, aber für Old Shatterhand oder Kara Ben Nemsi habe ich mich nie gehalten. Ich kenne auch nicht das »Geheimnis«, das Karl Mays Helden ihren Pferden ins Ohr flüsterten, damit diese doppelt so schnell laufen. Diesen verbalen Turbolader gibt es nur in der Literatur, und auch sonst hat ein guter Pferdeflüsterer keine Geheimnisse. Von dem Augenblick an, als mir das klar wurde, fand ich es prima, wenn viele Leute anwesend sind. Dann können sie sehen, dass ich nichts Unmögliches tue. Vielleicht lernen sie daraus, auch ihrerseits den Umgang mit ihren Pferden zu verbessern.

Der Umgang von Renate Schanzlhofer mit ihrem Artos hieß »Zuckerbrot und Peitsche«. Sie gab ganz offen zu, ihn »gnadenlos zu verhätscheln«. Auf der anderen Seite wurde sie stinksauer, sobald etwas nicht klappte. Dann sprach sie mit Artos in einem Gassenjargon, den ich hier nicht wiedergeben will.

Für manche Pferde in Happy Valley geben ihre Besitzer eine bis zwei Millionen Dollar aus. Diese Tiere erhalten das beste Futter, das für Geld zu kaufen ist, und auch ihre medizinische Betreuung lässt keine Wünsche offen. Sie schwimmen täglich in eigenen Bädern, ihr persönlicher Trainer lässt sie keinen Moment aus den Augen. Gnadenlos verhätschelt könnte man sagen, doch dagegen steht die Einforderung von Leistung. Ich bin überhaupt kein Freund des profitorientierten Pferdesports, egal in welcher Form. Weder Rennen noch Springreiten noch Parcours oder Dressur halte ich für einen artgerechten Umgang mit den Tieren. Als ich neulich eine Schreibpause einlegte und mich durch das Olympiaprogramm zappte, blieb ich beim Geländeparcours der Vielseitigkeitsreiter hängen, und sogleich wurden alle meine Vorbehalte durch einen Satz des Sportreporters bestätigt. Gerade scheute ein Pferd vor einem Hindernis, und er sagte: »Sehen Sie das? Es will nicht drüber. Aber die Reiterin setzt die Gerte als Motivationshilfe ein, das ist Cleverness in ihrer höchsten Form.«

Nein, ist es nicht, und darauf werde ich noch häufiger zurückkommen. Auch Renate tendierte zu dieser Art von »Motivationshilfe«. War sie gut drauf, verhätschelte sie Artos. War sie schlecht drauf, schlug sie ihn mit der Gerte. Ist es ein Wunder, wenn es unter diesen Umständen keine Vertrauensbasis zwischen Pferd und Besitzerin gibt?

Artos war geradezu dankbar, als ich ihm in wenigen Minuten klarmachte, dass ich nun der Chef bin. Um es noch einmal zu betonen:

Die meisten Pferde sehnen sich ebenso wie die meisten Menschen nach einem verlässlichen »Boss«, der sie sicher durchs Leben führt. Das ist ein Grund, warum die Schreihälse da draußen in der Welt so großen Zulauf haben. Nur bleiben sie meistens den Nachweis fällig, dass sie tatsächlich zum Anführer taugen. Worte sind schnell gesprochen, doch nur die Tat zählt. Stehe ich einem 500 Kilogramm schweren nervösen Pferd gegenüber, beobachtet von einem Dutzend Leute und einer aufgeregten Besitzerin, nützen schöne Worte gar nichts. Allein das, was ich tue, zeigt, ob ich es kann oder ob ich auch nur ein Schreihals bin. Im Fall von Artos ist es nicht besonders schwierig, aber das bemerke nur ich. Nach einer Minute lässt er sich von mir auf den Anhänger führen. Danach lade ich ihn wieder ab. Diesen Vorgang wiederhole ich ein halbes Dutzend Mal. So verliert er die Angst vor dem Anhänger.

Die Umstehenden klatschen Beifall. Dann hat Renate ihren Auftritt. Sie ist überglücklich und will Artos an ihrem Glück teilhaben lassen. Dafür hat sie einen Bund Karotten dabei.

»Darf ich sie ihm geben?«

Sie fragt mich, weil sie mich instinktiv als Chef im Ring akzeptiert. Ich antworte mit »Nein«.

»Wenn du ihn selbst auf den Anhänger geführt hast, kannst du ihm eine Streicheleinheit geben, aber keine Karotte. Belohnung gegen Leistung heißt das Prinzip.«

Ich bin ein Gegner von Futterbelohnung bei Pferden. Artos ist abfahrbereit, die anderen Pferdebesitzer verteilen sich in ihre Autos. Renate steht da, noch immer mit den Karotten in der Hand. Sie wirkt unschlüssig, ich kann es in ihrem Kopf rattern sehen. Auf einmal sagt sie: »Ich bestehe aber darauf, meinem Pferd die Karotten zu geben.«

Gerade hat sie mir noch den Status als Chef im Ring zugesprochen, doch nun, wo meine Arbeit getan ist, will sie keinen weiteren Ratschlag annehmen. Also antworte ich: »Dann tu, was du nicht lassen kannst.«

Renate geht zum Anhänger und hält Artos eine Karotte hin. Da passiert etwas Seltsames. Das Pferd wendet den Kopf ab. Renate streckt den ganzen Arm in den Wagen und fuchtelt mit dem Gemüse vor ihm herum. Doch Artos weigert sich, die Karotte zu nehmen.

»Was soll das, du blöder Gaul?«, ruft sie. »Nimm deine Karotte!«

Ich muss mir das Lachen verkneifen, obwohl die Situation ja eigentlich alles andere als lustig ist. Renate wirft die Karotte zu Boden. Ihr Gesicht zeigt Frust und Ärger. Auf einmal hellt sich ihre Miene auf. Mit einer theatralischen Geste schlägt sie sich die Hand an die Stirn.

»Natürlich«, ruft sie aus. »Wie konnte ich das vergessen? Die Karotten sind von Aldi! Die mag der Artos ja gar nicht.«

Auf der Rückfahrt stehe ich bei Nürnberg wieder im Stau. Dieses Mal ist es mir egal, denn ich habe einiges, worüber ich nachdenken kann. Wie nachhaltig ist die Arbeit, die ich mache? Habe ich Glück, gerate ich an Menschen wie Anne. Dann fahre ich nach Hause und kann mir sicher sein, dass es ihrem Pferd von nun an besser gehen wird – und ihr selbst ebenfalls. Aber es gibt auch Leute wie Renate, Leute, die nicht bereit sind, Neues zu lernen, weil das bedeuten würde, sich selbst verändern zu müssen. Ich weiß aus eigener Erfahrung, wie schmerzhaft dieser Prozess sein kann, wenn man sich häutet, wenn man von vorne beginnt, wenn man wieder von Punkt Null startet. Renate bräuchte nicht mal von Punkt Null zu starten, sie müsste lediglich kleine Korrekturen in ihrem Verhalten vornehmen. Aber selbst dazu ist sie nicht bereit. Deshalb wird sie weiterhin Zorn auf ihr Pferd verspüren. Können die Glücksmomente, die sie mit Artos erlebt, diese negativen Gefühle aufwiegen? Die Psychologie spricht in diesem Fall vom Leidensdruck. Nur wenn der groß genug ist, sind wir bereit, unser Leben umzukrempeln. Wie das geht, weiß ich nur zu gut, aber Renate offenbar nicht. Ihr Leidensdruck ist noch nicht groß genug – schließlich kann der Pferdeflüsterer das Problem für sie lösen. Und er wird es wieder tun, wenn es die Not verlangt. Trage ich also selbst dazu bei, wenn Menschen nicht ihr ganzes Potential ausschöpfen?

Ich neige zu solchen Grübeleien, und sie tun mir nicht gut. Zum Glück löst sich der Stau auf, und ich muss mich aufs Fahren konzentrieren. Ich schiebe die CD von Alex ein. Seine Musik wird dafür sorgen, dass sich die dunkle Wolke verzieht. Depressionen kann man überwinden, davon bin ich mittlerweile überzeugt. Aber ich weiß auch, dass man niemals vollständig vor ihnen gefeit ist.

Bei mir begannen sie in der Kindheit. Sie ließen nach, als ich zehn Jahre alt war, und kamen später wieder. 20 Jahre lang schlief ich kaum eine Nacht durch. Um meine Frau nicht durch mein ständiges Herumwälzen um den Schlaf zu bringen, stand ich auf. Meistens war das zwischen drei Uhr und fünf Uhr in der Früh. Dann hockte ich im Wohnzimmer, im Winter mit einer Decke über den Schultern, und starrte vor mich hin. Gerne hätte ich etwas Sinnvolles getan, aber das ging nicht. Selbst wenn ich Durst verspürte, konnte ich manchmal nicht aufstehen, um mir ein Glas Wasser zu holen. Menschen, die unter Depressionen leiden, kennen diese eigentümliche Art der Körperstarre. Es ist, als würde der Befehl vom Gehirn an die Muskulatur – erhebe dich und hol dir ein Glas Wasser – irgendwo versanden. So fühlt sich das an. Wie wenn Wille, Kraft und Energie einfach aus einem herausrieseln. In diesen Nächten starrte ich oft auf Bücherrücken. Ich war schon immer ein begeisterter Leser, was mir in die Finger fällt, wird weggelesen. In meiner Jugend waren das sämtliche Bücher von Karl May. Natürlich Winnetou, Old Shatterhand und Kara Ben Nemsi Effendi, aber auch die seltsameren und schwer verständlichen Geschichten des Schriftstellers aus Radebeul. Die Figur des Old Firehand gefiel mir. Auf seiner Seele lastete ein dunkler Schatten, zumindest habe ich das so empfunden. Ihm fühlte ich mich nahe. Einige dieser Bücher gingen bei Umzügen verloren, andere retteten sich über die Zeit. In diesen Nächten ruhten meine Augen auf ihnen. Bücher voller Geschichten, in denen meistens das Gute siegte. Oder eben das, was Karl May als das Gute empfand. Ich war aber nie in der Lage aufzustehen, eines zu nehmen und es aufzuschlagen, um darin zu schmökern. Old Shatterhand löst alle Schwierigkeiten mit wachem Verstand, treuen Freunden, mentaler und körperlicher Stärke und seinem Pferd. In zwanzig wachgelegenen Jahren konnte ich nicht danach greifen, um Trost zu finden bei seinem Pferd Hatatitla, oder bei Iltschi, dem Pferd von Winnetou, oder bei dem Rappen Syrr, den nur Kara Ben Nemsi reiten kann. Stattdessen geisterte das immer gleiche Mantra durch meinen Kopf: »Du bist nichts wert«, hieß es. Diese Überzeugung wurde ich nicht los. Manchmal änderte sich ihre Form, einmal etwa entstand daraus, »du bist ein windiger niederbayerischer Mensch«. Darüber kann ich heute lachen, so verschroben klingt das fast schon als käme es aus dem Mund eines Kabarettisten. Gerhard Polt würde daraus ein Gedicht machen: »Ode an den windigen niederbayerischen Menschen.« Die Biermösl Blosn könnten es vertonen und als Lied unters Volk bringen. Damals jedoch erniedrigten mich diese sechs Worte. »Windig« bist du – also einer, dem man nicht trauen kann. Dabei war ich doch Polizist, jemand, dem man vertrauen muss. Und aus Niederbayern kam ich, was sich auch wie ein Schimpfwort anhörte. »Jagdszenen aus Niederbayern« kam mir in den Sinn, der Film, mit dem Regisseur Peter Fleischmann unsere Gegend deutschlandweit brandmarkte. Dumpfbacken zeigte er Leute, deren Blick den Horizont nie erreichen, selbst wenn er ihnen direkt vor Augen steht. So einer also war ich. Wertlos. Nutzlos. Eine komplette Null.

In solch dunklen Stunden hilft auch angelerntes Wissen nicht weiter. Ich hatte jede Menge davon. Wer bei der Polizei arbeitet, lernt jeden Tag dazu. Absolvierte ich Lehrgänge, schloss ich in der

Regel als einer der Besten ab. Ich war schon immer wissbegierig, ich wollte und will noch heute alles über eine Sache erfahren. Daher wusste ich Bescheid, wie schädlich Grübeln in so einer Verfassung ist. Meistens geht es dabei um etwas, das schon geschehen ist und nicht mehr geändert werden kann, oder etwas, das in der Zukunft liegt. Dieses Grübeln ist ein Strudel, der uns nach unten zieht; das passiert auch bei Menschen, die gar nicht an Depression erkrankt sind: bis zu 20 000-mal pro Tag haben wir einen »negativen Gedanken«. Im Laufe der Evolution diente er als Schutz – die Welt ist ein gefährlicher Ort, sei vorsichtig, lass diese Unternehmung sein, es könnte schiefgehen. Heute haben wir uns viele Sicherheitsnetze geschaffen, was dazu führt, dass negative Gedanken auf und davon galoppieren, um in der Pferdesprache zu bleiben. Dabei treten die meisten Befürchtungen niemals ein. Trotzdem schaffen wir es nur schwer, uns von ihnen zu lösen.

Obwohl ich damals einiges über diesen Sachverhalt wusste und obwohl mir klar war, dass mein Biorhythmus um diese Uhrzeit wenig dazu beitrug, das Gedankenkarussell zu stoppen, konnte ich nichts tun. Oder tat ich vielleicht doch etwas? Setzte sich in diesen einsamen Stunden, in denen ich verwundbarer war als je zuvor, der Gedanke fest, dass ich ein harter Hund werden muss? War es eine Art fehlgeleiteter Selbstschutz, der mich dazu brachte, eine Mauer um mich herum zu errichten? Es gibt viele törichte Leitsätze, die damit spielen: Tapfere Jungs weinen nicht, ist einer davon. Was uns nicht tötet, härtet uns ab, ein anderer. So begann später in meinem Leben eine Zeit, in der um mich herum ähnlich wie im Traum von Crazy Horse die Luft von Gewehrkugeln und Pfeilen nur so schwirrte. Das meine ich im übertragenen Sinne, denn bei mir waren es körperliche Auseinandersetzungen mit Verdächtigen, geworfene Steine oder Knüppelhiebe bei Demonstrationen oder zu überbringende Todesnachrichten, die mich verwundeten. Doch war ich in dieser Phase meines Lebens felsenfest davon überzeugt, dass nichts davon mich *verletzen* könne. Schließlich war ich ja ein harter Hund.

Tapfere Jungs weinen nicht – was für ein Unsinn! Heute weiß ich, wie viel Leid wir vermeiden könnten, gelänge es, unsere Ohren vor solch falschen Ratschlägen zu verschließen. Mir ist es nicht geglückt. Die Folgen waren gravierend.

5

Der Weg ist das Ziel

Da stand ich also, im Juni des Jahres 1999. Ein erwachsener Mann mit vielen Narben – äußerliche, die zu sehen waren, innerliche, die nur ich kannte und meine Frau und meine Kinder. Dieses Pferd auf der anderen Seite des Zauns: Was wusste es über mich? Was wusste ich über das Tier? Aus einem Impuls heraus –

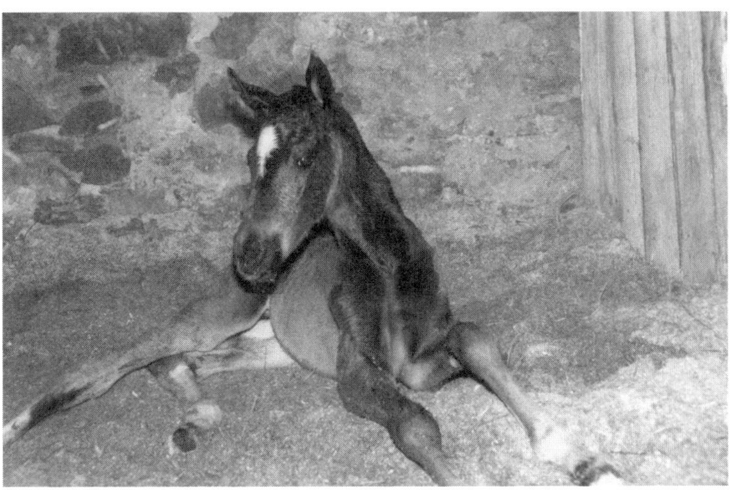

Girly als Fohlen 1997

andere sagten später, das war eine Schnapsidee, dabei trank ich gar keinen Schnaps, nur Bier – hatte ich mich dazu entschlossen, ein Pferd zu kaufen. Einfach so. Nun standen die Besitzer, Bernd und Marlies Leppich, mit mir am Zaun. Sie sagten: »Girly ist schwierig. Ihre Eltern sind schwierig. Der Vater, Sioux Pride, ist ein Rabauke, und die Mutter, das ist eine echte Diva, und so heißt sie auch. Du hast keine Ahnung von Pferden, stimmt's?« Bernd schüttelte den Kopf: »Ich weiß nicht, ob wir dir Girly geben sollen.«

Als ich mich an diesem Morgen beim Rasieren im Spiegel angeschaut hatte, hatte mir das innere Teufelchen mal wieder »Versager« zugeflüstert. War es das, was Bernd mir durch die Blume sagen wollte? Ich könnte ihn heute fragen, denn er ist ein richtig guter Freund geworden, und Marlies wurde es ebenfalls. Ihre Intuition war eine andere. Sie erzählte mir später: »Du hattest etwas an dir, das mich an dich glauben ließ. Du bist rein auf die Koppel, und die Mutter von Girly ließ das zu. Das hat mich verwundert, aber auch überzeugt.«

Um es gleich klarzustellen: Weder Girly noch ihre Eltern waren schwierige Tiere, weil sie in irgendeiner Form nicht pferdgerecht behandelt wurden. Ich habe in meiner späteren Laufbahn nur wenige Menschen kennengelernt, die so einfühlsam mit ihren Pferden umgingen wie Marlies und Bernd. Girly und ihre Eltern hatten einfach diese wilde Lebensfreude in sich, die wir Pferdemenschen ja so lieben. Damals wusste ich allerdings nichts davon, doch ich spürte es: Girly verkörperte genau die Freiheit, die meinem Leben fehlte und nach der ich mich so sehr sehnte. Deshalb wagte ich es. Deshalb betrat ich die Koppel. Weil ich wusste, hier ist ein Wesen, das mich etwas lehren kann, ein Wesen über das ich zu dieser Zeit keinerlei Wissen hatte. Ich kannte nur den Spruch »Vorne beißen sie, hinten treten sie, und aus der Mitte kann man Wurst machen«. Das war nun wirklich überhaupt keine gute Voraussetzung, um sich ein Pferd anzuschaffen. Ich erinnere mich, wie mir in diesen Minuten Bilder der Vergangenheit durch den Kopf jagten. Ja, ich war ein Sesshafter, der vom Nomadismus träumte, und ja, ich fürchtete, meine Freiheit gänzlich verloren zu haben.

»Wenn man lange genug an einem Ort wohnt«, sagt Sylvester Stallone in dem Film *Rocky Balboa*, »wird man zu diesem Ort.«

Der Satz bringt es auf den Punkt. Genauso fühlte ich mich. Meine Eltern hatten 1976 mit dem Bau eines Einfamilienhauses in Salzweg begonnen, und ich hatte als junger Bursche mit angepackt, um das Haus zu errichten. In späteren Jahren setzte ich ein Stockwerk darauf, damit ich mit meiner wachsenden Familie darin wohnen konnte. Ich war zu diesem Ort geworden – und ich liebte den Ort. Gleichzeitig war da eine innere Zerrissenheit, die mich von ihm wegzog. Vielleicht sind Pferde tatsächlich die Wesen, mit denen wir dieses seltsame Gefühl am besten teilen können? Schließlich lebten sie Millionen von Jahren in der Freiheit und zogen den Witterungsverhältnissen folgend von Weideplatz zu Weideplatz. Menschliche Nomaden schauten sich diesen immerwährenden Kreislauf ab. Dann fingen sie die Pferde ein und domestizierten sie. Aber haben wir auch ihr Freiheits-Gen einfangen und domestizieren können? Haben wir das jemals bei uns selbst vermocht? Erst vor gut 5.000 Jahren ist der Mensch sesshaft geworden. Davor lebte der Homo sapiens 100.000 Jahre lang als Halbnomade und Nomade. Die Forscher sind sich einig: Der Wandertrieb steckt grundsätzlich noch immer in uns drin.

Meine Eltern kannten diesen Wandertrieb allerdings nicht. Ich erinnere mich an einen einzigen Urlaub, der uns an den Mondsee nach Österreich führte. Ansonsten waren sie lieber zuhause. Tagsüber war mein Vater arbeiten, und meine Mutter kümmerte sich um den Haushalt. Später nahm sie eine Halbtagstätigkeit bei den Optischen Werken in Passau an. Meine Schwester, sechs Jahre jünger als ich, und mein Bruder, ein Jahr älter, kümmerten sich umeinander.

Erinnere ich mich an diese Zeiten, spüre ich Harmonie und Verständnis. Aber da ist noch etwas anderes. Etwas, das immer wieder als Bild, als Gedanke oder nach der Therapie als zugelassenes Gefühl und als Einsicht zurückkehrte. Auch damals, als ich Girlys Koppel betrat, kam dieses »Andere« zu mir. Die Koppel war eingezäunt, wie es sich gehört, doch für einen Moment nahm ich einen ganz anderen Zaun wahr. Einen Zaun mit Stacheldraht. Dann sah ich mich auf meinem ersten Fahrrad, sah, wie ich aus dem Gleichgewicht geriet und eine Böschung hinabstürzte. Unten war dieser Zaun mit Stacheldraht, und da fiel ich hinein. Als ich weinend nach Hause kam, mit verbeultem Rad und blutigen Oberschenkeln, sagte meine Mutter: »Selbst schuld. Musst halt besser aufpassen und nicht immer so rasen. Komm her, ich mach Arnika drauf.«

Sie hatte Arnikablüten in Spiritus eingelegt, ein damals weitverbreitetes Hausmittel. Damit betupfte sie meine Wunden. Es brannte wie Hölle, und ich weinte erneut. Da sagte sie: »Wenn du nicht aufhörst zu heulen, nehme ich dir das Fahrrad weg und du kriegst es nie wieder.«

Ich verstand augenblicklich. Die Botschaft lautete: Du musst dich entscheiden. Entweder du zeigst deinen Schmerz, dann verlierst du das Fahrrad. Oder du schluckst ihn herunter – verdrängst ihn, wie es die Therapeuten ausdrücken –, damit ihn niemand wahrnehmen kann. Ohne zu zögern, wählte ich die zweite Variante. Das Fahrrad hatte ich mir selbst zusammengespart, es war mein größter Schatz. Ich wollte es auf keinen Fall verlieren. Keine Träne der Welt würde diesen Verlust rechtfertigen können. So verstummte ich, während meine Mutter Arnika mit Spiritus auf meine Wunden tupfte.

Verwenden wir heute das Wort »Aggression«, kommen uns Bilder aus Fernsehen und Zeitschriften in den Kopf, Szenen von den gewaltsamen Konflikten in dieser Welt: Vertreibungen, Menschen auf der Flucht, Attentate und ihre entsetzlichen Folgen. Oder Sequenzen aus unzähligen Krimis, die tagtäglich ausgestrahlt werden. Bilder aus Bundesligastadien, wo die Fans eines Vereins mit Pyrotechnik Jagd auf die Fans des anderen Vereins machen. Aggression, wohin man sieht. Ist auch das Verhalten meiner Mutter aggressiv zu nennen?

In Bezug auf die Pferdehaltung sehe ich diesen Begriff differenziert. Bei der Aggression geht es auch darum, anderen zu schaden, um eigene Wünsche und Interessen durchzusetzen. Meine Mutter wollte mir nicht schaden, im Gegenteil, sie wollte mir helfen. Bei Pferden spricht man von der Rangordnung und der daraus resultierenden Dominanzaggression. Doch ist das nur eine Seite der Medaille. Vor allem sind Unsicherheit und Überforderung Gründe für aggressives Verhalten bei Pferden, denn sie gehören nicht zu den aggressiven Tierarten. Zeigen sie Aggression, haben sie schon viel mitgemacht.

So muss es auch bei meiner Mutter gewesen sein. Dadurch, dass ich so ein kränkliches Kind war, war sie mir gegenüber sowieso verunsichert. Und dann kam ich auch noch mit aufgeschürften Knien an. War ihr Verhalten richtig? Ich weiß es nicht, doch hätte sich der kleine Junge in diesem Moment einfach mehr Verständnis und Mitgefühl gewünscht. Ich erlebe täglich Ähnliches bei Pferdehaltern. Anstatt ruhig und überlegen zu reagieren, zeigen sie kein Verständnis, werden aggressiv und machen damit ein unsicheres Tier noch unsicherer. Weil ich mich an diese Unsicherheit so gut erinnere, kann ich helfend eingreifen.

Die Unsicherheit könnte womöglich ein Leitmotiv meiner gesamten Kindheit sein. In der Schule war ich meist unterfordert, aber zuhause oft überfordert, da ich meinem großen Bruder nacheiferte. Zusätzlich war ich verunsichert, da ich meine Gefühle nicht zeigen durfte. Fragte jemand »wie geht es dir?«, lautete meine Antwort immer gleich: »Passt scho'.« Für Nichtbayern über-

Der kleine Manfred auf seinem geliebten Fahrrad

setzt: Passt scho' ist einer der Ausdrücke, die gar nichts sagen. Außer dass man sich vor der wirklichen Antwort drückt.

Daraus entstand noch mehr Verunsicherung. Unsichere ziehen Aggressionen anderer an. Das geschah mir ebenfalls. Ich war das schmale, blasse, kränkliche Kind, das man herumschubst. Dabei war ich alles andere als ein Feigling. Ich nahm Molche, Salamander und sogar Schlangen in die Hand, was nicht alle Buben aus der Nachbarschaft wagten. Ich marschierte geradewegs in den Stall vom Schafbock, was sich sonst niemand traute. Ich schubste zurück, wenn ich geschubst wurde. Doch gegenüber den Größeren und Stärkeren reichte meine Kraft nicht. Bei denen, die Aggression einsetzten, weil sie sich selbst unsicher und überfordert fühlten, wurde ich zum beliebten Opfer.

Nennen wir sie Frau Obermaier. So hieß sie nicht, meine erste Lehrerin, doch weil sie noch unter uns weilt, will ich sie damit schützen. Ich habe ihr längst vergeben, obwohl sie sich wie eine Sadistin verhalten hat. Ihr Umgang mit uns Schülern war von

Dominanz und Herrschsucht geprägt. Ihre Idee von Unterricht hieß Maßregelung selbst für kleinste Vergehen. Sie bestrafte uns Kinder und hatte Freude daran. Am liebsten bestrafte sie mich, denn ich war der Kleinste und Schwächste. Mittlerweile hatte ich gelernt, keine Gefühle mehr zu zeigen. Weinen ist verboten, es kostet dein Fahrrad. Frau Obermaier bestrafte mich mit Lineal, Händen und Rohrstock, doch aus meinem Mund kam kein Ton. Kein Weinen, kein Schluchzen, kein Jammern. Meine Lippen waren fest verschlossen, wie zugenäht. Das stachelte sie nur weiter an, denn der Sadist braucht die Unterwerfung, doch davon weiß das Kind noch nichts. Sie schien echte Freude daran zu haben, uns Kindern wehzutun. Ich denke, es war einfach das Machtgefühl, das ihr Befriedigung verschaffte. In diesen Jahren setzten sich in mir zwei Überzeugungen fest. Die eine kannte ich schon, aus den einsamen Zeiten im Krankenhaus: Du bist nichts wert. Die andere war neu: Du bist böse.

Warum ich böse war, wusste ich nicht, aber kam es darauf an? Die Lehrerin bestraft dich, also musst du böse sein. Weshalb würde sie es sonst tun?

Zu dieser Zeit wohnten bei uns im Ort einige »Grattler«. Auch das ist wieder so ein bayerischer Ausdruck, für den es keine wirklich gute Übersetzung gibt. Grattler sind Leute, die am Rande der Gesellschaft leben. Vielleicht fehlt es ihnen an Bildung, vielleicht sind sie arm. Meist bedingt das eine das andere. Ihre Kinder sind zwangsläufig die Grattler-Kinder, so will es das Gesetz des Dorfes. Stand ich bei Frau Obermaier in der Hierarchie zwar schon weit unten, so gab es darunter doch noch eine Ebene. Den Kerker, wenn man so will. Dort fristeten die Grattler-Kinder ihr Dasein. Sie waren noch weniger als nichts wert, schließlich machten sie keine Hausaufgaben, waren dumm und, natürlich, auch böse. In Frau Obermaiers Augen handelte es sich bei ihnen um Abschaum, und das ließ sie die Grattler-Kinder jeden Tag aufs Neue spüren. Sie riss ihnen die Haare aus. Sie ließ das Lineal auf ihren Händen tanzen. Es war klar, dass Grattler-Kinder bei ihr keine Chance hatten.

Doch an einem Tag verdrehten sich die Vorzeichen. Frau Obermaier hatte uns Hausaufgaben aufgegeben, zumindest war das später ihre Version. Von 32 Kindern in der Klasse hatte keiner sie gemacht – nur die vier Grattler-Kinder hatten etwas im Heft stehen. Wir anderen sahen uns mit großen Augen an. Wir waren verwirrt, wir wussten dieses Spiel nicht zu deuten. Denn für Frau Obermaier war es ein Spiel. Ein sadistischer Spaß, den sie sich ausgedacht hatte: Sie ging durch die Reihen und misshandelte jeden körperlich auf unterschiedliche Weise. Sie war sehr einfallsreich, zog an den Haaren und an den Ohren, schlug mit der Hand oder dem Lineal und dem Rohrstock. Alle kamen diesmal an die Reihe, nicht nur ich. Sie nahm sich die ganze Schulstunde Zeit hierfür. Einzig die Grattler-Kinder waren fein raus. Doch konnten sie sich an diesem einmaligen Sieg nicht lange erfreuen. Am nächsten Tag waren sie wieder die Prügelopfer. Sie sollten ja nicht glauben, sie wären in Frau Obermaiers Gunst nach oben geklettert. Erst als ich begann, mich mit Verhaltenstherapie zu beschäftigen, habe ich ihr perfides Gebaren durchschaut. Wer eine Gruppe Menschen restlos beherrschen will, muss die Hierarchien immer wieder durcheinanderwirbeln. Das stärkt die eigene Machtposition. Diktatoren und Despoten kennen diese Regel gut. Keiner der Günstlinge darf sich jemals wirklich sicher fühlen. Jeder muss Angst vor dem Strafgericht haben, das wie aus dem Nichts über ihn hereinbrechen kann.

Als kurze Zeit später meine Urgroßmutter im Alter von 94 Jahren starb, tat meine Mutter etwas, was sie sonst nie tat: Sie betrat die Schule, um Frau Obermaier persönlich darum zu bitten, mich wegen der Beerdigung am folgenden Samstag zu beurlauben. Damals war Samstagsunterricht noch gang und gäbe, doch Frau Obermaier zeigte sich freundlich und gab mir frei. Meine Mutter fragte, ob wir eine Hausaufgabe bis Montag aufbekämen, und Frau Obermaier, ganz auf Lüge programmiert, verneinte dies. Wusste ich bereits, was mich am Montag erwarten sollte? Daran kann ich mich nicht erinnern – nur an das, was dann geschah. Noch ganz in Trauer um die Uroma betrat ich die Schule und bekam von Frau Obermaier eine Watschen, wie man bei uns in Niederbayern sagt, dass mir die Ohren klingelten. Der Grund: Ich hatte die Hausaufgaben vom Samstag nicht gemacht.

Ist es ein Wunder, dass ich begann, die Schule zu hassen? Ich glaube nicht. Denn die Sache hatte weitreichende Folgen. An diesem Tag ging ich nach Hause und erzählte meinen Eltern alles. Ich weinte nicht, schließlich hatte ich mir die Heulerei verboten. Aber ich wünschte mir, dass mein Vater oder meine Mutter in die Schule marschierten und Frau Obermaier ordentlich Bescheid sagten. Schließlich standen sie in meiner Vorstellung weit über dieser Lehrerin. Doch da täuschte ich mich. Lehrer gehörten neben dem Pfarrer, dem Bürgermeister und dem Dorfgendarm zu den Respektspersonen der dörflichen Gemeinschaft. Da hatte man nicht aufzubegehren, wollte man dazugehören. Mein Vater, der später als Betriebsrat ganz andere Konflikte zu meistern wusste, ließ Frau Obermaier einfach weitermachen. Meine Mutter dachte wahrscheinlich, der Gang zur Lehrerin sei die Aufgabe des Vaters. Mein Bild von einer heilen Welt bekam eine weitere heftige Delle. Im Krankenhaus haben sie dich alleine gelassen, dachte ich, und jetzt lassen sie dich wieder im Stich. Du bist klein und schwach und kränklich, aber du musst das dringend ändern. Du musst endlich stark werden! Du musst ein harter Hund sein! Du musst sein wie Bruce Lee. Nur dann wirst du überleben.

Bruce Lee, von vielen als größter Kampfkünstler des 20. Jahrhunderts gefeiert, hatte bei uns Jungs einen legendären Ruf. Seine Körperbeherrschung und seine Einstellung zum Leben bewunderte ich sehr. Eines seiner Mantras »Ich kann dir den Weg weisen, gehen musst du ihn selbst« wurde später zu einem Leitsatz meines Lebens. Doch anders als mein Sohn Alex, der, während ich diese Zeilen schreibe, schon den 2. Dan im Taekwondo innehat, konnte ich mich nicht für den Kampfsport begeistern, egal, wie kunstvoll er war. Trotzdem wurde mir ganz im Sinne von Bruce Lee später klar, dass ich von Frau Obermaier einiges gelernt hatte, weil wir das meiste von unseren größten Gegnern lernen. Sie zeigte mir, wie man es nicht macht. Das mag nun etwas einfach klingen, doch sind die grundlegenden Wahrheiten des Lebens nicht immer einfach? Frau Obermaier war unsicher, vielleicht weil sie im Alter von damals 35 Jahren noch alleine lebte, was sich in Niederbayern gar nicht schickte. Es ist auch denkbar, dass ihr Wunschleben ein ganz anderes war und dass die Unmöglichkeit, ihrem geheimen Verlangen nachzugeben, zu dieser Verunsicherung führte. Was sie tat, war verwerflich und falsch, und dass ihr niemand Einhalt gebot, wirft kein gutes Bild auf die Gesellschaft. Frau Obermaier wollte uns klein halten, und Prügeln war ihre Methode dafür. Doch sie hat es nie geschafft. Daraus zog ich später erste Schlüsse für die Pferdearbeit. Heute kann ich das, was ich damals gelernt habe, in einem Satz zusammenfassen: Gewalt ist niemals nachhaltig. Irgendwann kippt die Situation. Der Bestrafte zerbricht, oder er fängt an, sich zu wehren. Er entwickelt einen Plan. Pferde können das nicht? Und ob! Manchmal entwickeln sie nicht nur einen Plan A, sondern auch gleich noch Plan B und Plan C mit dazu!

Der 11-jährige Bayerische Warmblut-Wallach Rautenstern ist genau so ein Fall. Noch heute bin ich von seiner Intelligenz beeindruckt. Als Theresa Hamm mich anruft, schildert sie ihr Problem: »Wenn ich dem Rautl den Sattel auflegen will, dann buckelt er und beißt.«

Fängt eine halbe Tonne Pferd an zu buckeln und zu beißen, geht man besser erst einmal in Deckung.

»Hat er das schon immer gemacht?«, frage ich.

»Überhaupt nicht. Das ist eine ganz neue Marotte.«

Nennen wir es Marotte. Oder besser Strategie? Offenbar hat Rautl, wie Theresa ihren Wallach liebevoll getauft hat, keine Lust zum Arbeiten. Reiten wir auf Pferden, ist das für sie Arbeit. Vergessen wir niemals, dass diese Tiere darauf geeicht sind, so wenig Energie wie möglich zu vergeuden. Für sie ist Arbeit eine Vergeudung von Energie, die man tunlichst vermeiden sollte. Liegt darin das Problem, ist es meine Aufgabe, Rautls Erwartungshaltung zu ändern. Für Pferde sind wir Menschen sehr berechenbar, wir ändern selten unser Verhalten. Auch das ist etwas, das ich bei Frau Obermaier gelernt habe. Kein Wunder, dass sie leichtes Spiel mit uns hatte. Wir Kinder waren für sie berechenbar, wir machten es ihr nicht schwer, eine Strategie zu entwickeln, wie sie uns immer wieder aufs Neue bestrafen konnte.

»Wo leben Sie denn?«, frage ich Theresa.

Sie nennt mir eine Adresse in Niederbayern, und so kann ich ihr rasch einen Termin anbieten.

In der Pferdesprache nennen wir Rautls Gebaren den Sattel- und Gurtzwang. Bei Theresa angekommen lasse ich erst einmal sie probieren, ihm einen Sattel aufzulegen, bevor ich es selbst versuche. Es ist beeindruckend, wie vehement Rautl sich dagegen wehrt.

»Was nun?« Theresa wirkt verzweifelt. Vielleicht hat sie tatsächlich geglaubt, ich würde Rautl ein Zauberwort ins Ohr flüstern, und von da an wäre alles ganz anders. Doch mit Magie hat meine Arbeit wenig zu tun. Auch im Fall des Wallachs geht es zunächst einmal um die Klärung der Rangordnung. Dafür mache ich mit ihm eine halbe Stunde Bodenarbeit, in der Hauptsache sogenannte Führübungen. Das alles zeigt ihm, dass ich von nun an der Boss bin. Wie ich erwartet habe, lässt er sich gerne darauf ein. Immer wieder kommen wir zu diesem wichtigen Punkt: Pferde wie Menschen wünschen sich umsichtige und klar kommunizierende Führungspersönlichkeiten. Wer schreit und um sich schlägt, ist kein souveräner Führer oder Herdenchef. Er erzeugt eine Angstherrschaft, die unbefriedigend für alle Beteiligten ist. Leider genießen einige Pferdebesitzer gerne dieses falsche Machtgefühl – sie sind die Frau Obermaier ihrer Pferde. Dazu gehörte Theresa Gott sei Dank nicht.

Nach dreißig Minuten sage ich: »Dann wollen wir mal.«

Ich nehme den Sattel und lege ihn Rautl über. Dabei beobachte ich seine Körperspannung und seine Augen. Dort kann man als Erstes erkennen, ob ein Pferd buckeln wird. Doch ich kann keine Anzeichen von Stress erkennen. Rautl lässt sich den Gurt festziehen, als hätte er nie etwas dagegen einzuwenden gehabt.

»Das gibt's nicht!«, ruft Theresa. Nun glaubt sie doch an Magie. Das möchte ich nicht und erkläre ihr daher, was sie von nun an zu tun hat.

»Bitte sei sehr konsequent im täglichen Umgang mit ihm. Lass dir Zeit mit dem Reiten. Führe ihn, wie ich ihn geführt habe. Er zeigt im Moment kein Abwehrverhalten, doch die Frage ist, ob es so bleibt. »

Es dauert ein paar Wochen, dann klingelt das Telefon.

»So, ich wäre jetzt so weit«, sagt Theresa. »Ich habe alles gemacht, was du gesagt hast, und es hat auch geklappt. Jetzt möchte ich Rautl bald reiten. Könntest du dabei sein?«

Ich fahre gerne hin. Theresas Wallach ist mir ans Herz gewachsen. Ich mag intelligente Pferde und sehe in einem Verhalten, das nicht immer unseren Wünschen entspricht, auch nichts Negatives.

Als ich den Hof erreiche, steht Theresa schon bereit. Ich beobachte, wie sie Rautl problemlos sattelt, während ich ihn am Führstrick halte.

»Erst mit dem linken Bein in den Steigbügel«, rate ich, »und dann mal abwarten.«

Theresa probiert es. Rautl steht ruhig da. Ein leichtes Zucken geht durch seinen Körper, kaum erkennbar, wie wenn der Wind über die stille Oberfläche eines Sees streicht. Dann werden seine Augen groß.

»Spring ab!«, schreie ich.

Theresa ist schnell. Zum Glück. Rautl buckelt los wie ein ausgewachsenes Rodeopferd und vollführt die wildesten Sprünge. Ich lasse ihn gewähren. Als er sich beruhigt hat, bringe ich ihn an unseren Platz zurück.

»Bereit für Runde zwei?«, frage ich Theresa.

»Bist du sicher?« Der Schreck ist ihr in die Glieder gefahren, aber ich kann sie beschwichtigen.

»Rautl hat eine Strategie«, sage ich. »Sie lautet: Ich habe keine Lust aufs Reiten, daher lasse ich mir auch keinen Sattel auflegen. Diesen Plan haben wir durchkreuzt. Doch dein Pferd ist schlau. Es hat sich einen Plan B zurechtgelegt: Wenn es jemand schafft, mich zu satteln, dann werfe ich ihn eben ab. Jetzt erwartet er, dass du es nicht mehr probierst. Wir werden auch Plan B durchkreuzen. Okay?«

Theresa nickt. Wieder lasse ich sie mit dem linken Bein im Steigbügel verharren. Rautl steht ruhig da. Sehe ich ein Zucken, verändern sich seine Augen? Nein.

»Lege dich über seinen Rücken. Nicht im Sattel sitzen, nur liegen. Ganz behutsam!«

Theresa kommt der Aufforderung nach. Rautl ist noch immer ruhig. Ich zähle die Sekunden. Nach einer Minute versuche ich, ihn einen Schritt nach vorne zu bewegen. Im selben Moment werden seine Augen groß.

»Runter!«, schreie ich.

Wie eine geschickte Voltigiererin gleitet Theresa vom Pferd. Schon buckelt Rautl los, dass es eine wahre Freude ist. Diese geballte Energie, von niemandem zu bändigen, sorgt geradezu für elektrische Spannung auf dem Reitplatz. Wieder warte ich, bis sich der Wallach beruhigt. Dann bringe ich ihn zurück und zwinkere Theresa zu.

»Runde drei?«

Theresa setzt den Fuß in den Steigbügel, dann legt sie sich auf Rautls Rücken. Der Wallach gibt sich ruhig. Es gelingt mir, ihn einige Schritte nach vorne zu bewegen.

»Sieht gut aus«, sage ich. »Du kannst dich setzen.«

Ich führe Rautl mit Theresa im Sattel ein paar Runden um den Platz. Der Wallach geht, als habe er nie Probleme damit gehabt. Nach einer Weile löse ich den Führstrick, und Theresa reitet alleine.

Mit vielen Pferdehaltern bleibe ich nach getaner Arbeit in Kontakt. Das ist auch bei Theresa der Fall. Ein paar Wochen später greife ich zum Telefon.

»Alles klar bei euch?«, frage ich.

»Das muss Gedankenübertragung sein«, antwortet sie. »Gerade wollte ich bei dir anrufen.«

»Gab es einen Rückfall?« Damit habe ich nicht gerechnet.

»Nein, das nicht. Das Problem mit dem Satteln trat nicht mehr auf. Buckeln und Beißen? Als hätte es das nie gegeben. Aber Rautl hat einen Plan C in petto.«

Wir lachen beide. Es gefällt mir, dass Theresa meine Wortwahl übernimmt. Das zeigt mir, dass sie ihr Pferd jetzt schon viel besser versteht. Es käme ihr nicht mehr in den Sinn zu glauben, dass Rautl keine Pläne entwickeln kann.

»Was macht er denn?«, will ich wissen.

»Er lässt sich nicht mehr von der Weide holen.«

Wie clever von dem Wallach! Wenn ihr mich schon satteln und reiten könnt, lautet sein Plan C, lass ich mich halt nicht mehr einfangen. Das ist allerdings ein Problem, denn Rautl lebt im Offenstall. Er kann jederzeit auf eine weitläufige Weide hinaus.

»In zwei Tagen bin ich da!«

»Wirklich?«

»Aber hallo! Dein Rautl ist doch ein echtes Vorzeigepferd!«

Meine Worte tun Theresa gut. Auf jedem Pferdehof gibt es Besserwisser, die ein Verhalten, wie Rautl es an den Tag legt, streng verurteilen. Und den Pferdehalter mit dazu. Auch Theresa hat den »Hau ihm halt mal kräftig auf die Nüstern«-Ratschlag schon erhalten. Zum Glück befolgte sie ihn nicht.

Dieses Mal schicke ich Theresa auf die Weide und bitte sie, alles so zu machen, wie sie es immer tut. Ich beobachte, wie sie sich Halfter und Führstrick schnappt und losmarschiert. Ich sehe, wie sie geht, und ich sehe, wie Rautl auf sie reagiert. Fünfzehn Meter ist sie entfernt, als sie zum ersten Mal seinen Namen ruft.

»Rautl!«

Der Wallach hebt kurz seinen Kopf, schaut in ihre Richtung, dann senkt er den Kopf wieder und grast weiter, als sei seine Besitzerin gar nicht da. Demonstrativer kann man sich nicht verhalten. Theresa geht weiter auf ihn zu. Er schaut wieder auf. Ich kann geradezu seine Gedanken lesen: »Hoppla. Die meint es ernst!«

Schon ist er weg. Rautl galoppiert ans andere Ende der Weide und beginnt dort zu grasen.

Theresa kommt zurück. Sie ist traurig. Neben der Arbeitsverweigerung sieht sie darin einen Liebesentzug.

»Lass uns lieber denken wie ein Pferd«, schlage ich vor. »Was ist Rautls Erwartungshaltung?«

»Na ja. Ich komme mit dem Halfter, da weiß er, dass ich ihn reiten will.«

»Das ist richtig, aber denken wir noch weiter, noch pferdischer«, ermuntere ich sie. »Wenn ich von der Weide geholt werde, muss ich weg von der Herde. Ich bin aber ein Herdentier und will das nicht. Die Herde gibt mir schließlich Sicherheit. Weg von der Herde heißt: Sicherheitsentzug. Da musst dann du als guter Boss für diese Sicherheit sorgen. Dazu kommt: Weg von der Herde bedeutet auch, ich muss arbeiten. Das will ich ebenfalls nicht. Arbeit kostet mich Energie. Ich will aber keine Energie vergeuden. Ich bin ein Pferd, ein Energiesparer.«

Theresa Gesicht hellt sich auf. »So verhalten sich Pferde?«

»Es ist ihre Natur, gespeichert in ihrer DNA«, antworte ich.

Wir sehen Rautl zu, wie er friedlich vor sich hin grast.

»Soll ich ihn einfach lassen?«

»Es ist noch ein bisschen früh fürs Gnadenbrot. Du willst was von ihm, und das ist auch völlig in Ordnung. Schau mir mal ganz genau zu.«

Ich gehe über die Weide zu Rautl. Allerdings nicht so forsch geradeaus, wie Theresa es getan hat. Als ich ein paar Meter von ihm entfernt bin, blickt er auf. Er bewegt sich von mir weg. Wieder nähere ich mich, ganz vorsichtig und behutsam, spreche nicht mit ihm und halte den Blick auf den Boden gerichtet. Rautl lässt es zu, dass ich näher und näher komme. Dann bin ich ganz bei ihm. Ich lege ihm den Führstrick um den Hals. Er bleibt ruhig, selbst als ich das Halfter aufziehe. Wir gehen Richtung Ausgang der Weide. Kurz davor halte ich an. Ich streichle ihn, dann lasse ich ihn laufen, ohne ihm das Halfter abzunehmen.

»Deine Kumpels warten«, rufe ich hinterher.

Mit wehender Mähne galoppiert Rautl davon.

»Also, nicht vergessen«, sage ich zu Theresa, als ich wieder bei ihr stehe. »Rautl hat einen Plan. Wer einen Plan hat, betrachtet die Szenerie mit einer bestimmten Erwartungshaltung. Wir Menschen tun das doch auch. Wenn Rautl dich mit dem Führstrick auf die Weide kommen sieht, ist schon alles klar: Nichts wie weg!«

Der Führstrick ist ein Schlüsselreiz, ähnlich wie es nicht erledigte Hausaufgaben für meine Lehrerin waren. Vermeidet man den Schlüsselreiz, vermeidet man auch die Reaktion darauf. Ich empfehle Theresa, Rautl das Halfter drauf zu lassen und sich den Führstrick hinten in den Hosenbund zu stecken. »Das Halfter soll er ruhig mal die nächsten Wochen tragen. Dann hast du nichts in Händen, wenn du auf die Weide kommst, und kannst ihn trotzdem halten.«

Wir stehen am Gatter und beobachten die Pferde. Mal sehen, wie gut Theresas Blick bereits ist.

»Was habe ich anders gemacht als du?«

Sie lächelt. »Du bist nicht auf dem direkten Weg zu ihm gegangen.«

Ich freue mich, wenn Pferde lernen, und ich freue mich, wenn ihre Halter das ebenfalls tun. Theresa lernt schnell. Wir vereinbaren, dass sie in den kommenden Tagen nicht mehr direkt auf Rautl zugeht, sondern auf eines der Pferde, das in seiner Nähe steht.

»Das darfst du dann gerne ausgiebig streicheln. Anschließend näherst du dich Rautl. Langsam, mit gesenktem Kopf, von schräg vorne auf ihn zu.«

Wir gehen generalstabsmäßig vor. Hat das Pferd eine Strategie, brauchen wir ebenfalls eine, aber die muss besser sein. Theresa soll Rautl von der Weide bringen, doch nur zum Putzplatz. Dort wird er ausgiebig gestreichelt und anschließend von ihr zurück auf die Weide geführt. Das nächste Mal soll sie sich nähern, ihn zwanzig Meter weit führen, streicheln und wieder frei lassen. Dann wiederum wird sie zu ihm gehen, ihn streicheln und sonst nichts tun.

»Wir sorgen dafür, dass er keine Vorahnung mehr haben kann, nicht wahr?«, sagt Theresa.

Damit trifft sie den Nagel auf den Kopf. Rautls Plan C geht nicht mehr auf, wenn es keine Erwartungshaltung für ihn gibt. Bleibt Theresa unberechenbar, kann er keine Strategie entwickeln. So ist es bis heute geblieben. Einen Plan D hat Rautl bisher nicht gehabt. Doch wer weiß? Diesem intelligenten Wallach traue ich alles zu.

Vielleicht tue ich das, weil Intelligenz und wie wir sie einsetzen – und es leider oft auch nicht tun – für mich zum Lebensthema wurde. Ich kann offen und ehrlich sagen: Bis zum letzten Tag habe ich die Schule gehasst. Ist das nicht traurig? Schließlich ist Schule dazu da, unsere Intelligenz zu fördern. Wir verbringen so viel Zeit dort, aber viel zu selten in einer fröhlichen, für uns förderlichen Lernatmosphäre. Natürlich hat sich seit meiner Schulzeit einiges geändert, aber ich weiß, dass sich noch mehr ändern muss. Heute ist das Zusammenspiel zwischen Eltern und Lehrer wichtiger denn je. Lehrer klagen, dass Schüler mit Erziehungsdefiziten in die Schule kommen. Eltern beschweren sich, dass die Schule ihre Kinder nicht beschützt, und entwickeln sich dadurch zu den vielzitierten Hubschrauber-Eltern. Das waren meine Eltern gewiss nicht. Sie selbst hatten eine für die damalige Zeit übliche Hauptschulbildung genossen und waren der Meinung, das sei auch für mich genug. Nach der Grundschule wechselte ich daher auf die Hauptschule. Ich hatte keine Freude daran, hatte aber das Glück, dass ein Lehrer meine Unterforderung bemerkte.

»Hast du Lust, einen Test zu machen?«, fragte er mich.

Ich hatte Lust, alles zu tun, wenn es nur endlich einmal etwas für mich Neues und Interessantes wäre! Der Lehrer ließ mich einen halben Tag lang die verschiedensten Aufgaben erledigen. Ich wusste nicht, dass es sich um einen dieser Intelligenztests handelte, die zu der Zeit neu entwickelt worden waren und schwer in Mode kamen. Bald schon wurde der Intelligenzquotient IQ zum Maß aller Dinge. Heute wissen wir, dass er allein keine entscheidenden Aussagen über das geistige Entwicklungspotential eines Menschen treffen kann. Doch für mich jedoch sollte das Ergebnis des Tests eine Wendung in meinem Leben einläuten.

»Donnerwetter«, meinte der Lehrer, nachdem er meine Antworten ausgewertet hatte. »Du hast einen IQ von 128. Sag deinen Eltern, ich möchte mit ihnen sprechen.«

Für meine Eltern war es eine unangenehme Sache, in die Schule zu müssen. Auch sie hatten eine ganz bestimmte Erwartungshaltung, was das anging. Aber dann passierte etwas ganz anderes: Der Lehrer lobte mich über den grünen Klee und meinte, ich sei viel zu intelligent für die Anforderungen des Hauptschulunterrichts.

»Der Junge muss unbedingt aufs Gymnasium«, gab er meinen Eltern mit auf den Weg.

Mit dieser Nachricht kamen sie nach Hause. Ich fühlte mich gut wie selten. Frau Obermaier hatte mir eingetrichtert, dass ich schwach, dumm und böse sei. Nun behauptete ein Lehrer das Gegenteil, ich sei intelligent. Das machte mich stolz. Ich war mir sicher, auf dem Gymnasium würde alles anders werden, besser. Doch ich sollte mich täuschen. Auch hier machte die Schule keinen Spaß. Ich gewöhnte mir an, nicht immer zu antworten, wenn ich gefragt wurde, da ich auf keinen Fall als Streber gelten wollte. Das war meine Strategie, die bei wissbegierigen Kindern häufig vorkommt. Mich machte sie zu einem Träumer. Mit offenen Augen hockte ich im Klassenzimmer, doch nur mein Körper war anwesend. Mein Geist flog zum Fenster hinaus und suchte sich irgendwo da draußen einen Ort, wo es spannender zuging. Manchmal konnte ich jetzt Fragen tatsächlich nicht beantworten, da ich sie gar nicht gehört hatte. Später war es sogar so weit, dass ich absichtlich bei einer Klassenarbeit Fehler fabrizierte oder ein paar Fragen unbeantwortet ließ. Ich wollte keine Eins, ich wollte eine schlechte Note. Ich war so darauf konditioniert, der Prügelknabe zu sein, dass ich Angst hatte, als Milchbubi und Streber mit immer guten Noten den Zorn der anderen auf mich zu ziehen.

Wenn man in Bayern lebt, ein schmächtiger Junge ist, aber etwas gelten will, probiert man es mit dem Kicken. Viele Fußballstars von heute stammen aus ähnlich kleinen Orten wie Salzweg. Thomas Müller kommt aus Pähl im Pfaffenwinkel, Bastian Schweinsteiger aus Kolbermoor. Damals war das nicht anders. Die Vorbilder meiner Jugend hießen Sepp Mayer, genannt die »Katze von Anzing«, der aus dem niederbayerischen Metten stammte, oder der »Kaiser« Franz Beckenbauer, der allerdings aus dem großen München kam. Der 1. FC Passau spielte damals in der Bayernliga, und ich bat meinen Vater, mich dort anzumelden. Es war nicht gerade ein Desaster, aber es war auch alles andere als die reine Freude. Fußball, das musste ich einsehen, war nicht mein Ding und ist es nie geworden. Zwar konnte ich lange laufen – länger als alle anderen in der Mannschaft –, doch der Aufgabe, einem Ball nachzujagen, konnte ich einfach nichts abgewinnen. Schon bald hängte ich die Fußballschuhe wieder an den Nagel und fand erst als Teenager zurück ins Passauer Dreiflüssestadion: Da verdiente ich mir ein Taschengeld als Bierverkäufer für die immer durstigen Bayernligafans. Wenigstens hatte ich zu dieser Zeit schon den passenden Sport für mich gefunden: Mit mehr

Spaß und Erfolg als beim Fußball widmete ich mich der Leichtathletik und brachte es im 800-Meter-Lauf immerhin zum niederbayerischen Vizemeister. Für einen 12-Jährigen mit einem Selbstvertrauen so niedrig wie der Teppichrand war das endlich mal ein gutes Gefühl. Denn nach dem schnellen Ende meiner Fußballkarriere hatte ich wieder am Ausgangspunkt aller Überlegungen gestanden: Wie konnte ich es anstellen, nicht länger der Nerd der Klasse zu sein? »Sehr intelligent, aber sozial isoliert« – den Ausdruck Nerd gab es in Deutschland zwar noch nicht, aber er hätte gut auf mich gepasst. Vielleicht wäre es hilfreich gewesen, wenn ich mich mit Haustieren beschäftigt hätte, aber wir hatten keine. Schade eigentlich, denn mein Vater ist sehr tierlieb und hatte sich in Neukirchen als Kaninchenzüchter betätigt. Doch in Salzweg schauten allenfalls mal ein paar Katzen vorbei, und einmal schleppte ein Nachbar einen Stallhasen heran. Ein Hund aber kam nie ins Haus, obwohl vor allem mein großer Bruder eine Affinität zu Hunden entwickelte. Kein Wunder, dass er später erfolgreicher Hundeführer bei der Polizei wurde. Und was tat ich? Ich trauerte noch immer dem Pony nach, das ich nie gewonnen hatte. Aber bekanntlich ist ja der Weg das Ziel. Meines war noch weit, sehr weit entfernt. Aber ich war schon unterwegs dorthin.

6

Er ist ein guter Mensch, fast schon ein Depp
(Lebensweisheit aus Bayern)

»Weißt du, Bub«, sagte meine Mutter zu mir, »wir hatten im Winter keine Schuhe. Wir hatten so Dinger, die sahen ganz ähnlich aus wie die da.«

Wir standen vor einem Schuhgeschäft in Passau und blickten ins Schaufenster. Drinnen war der jüngste Trend der ausgehenden 70er Jahre zu sehen: Clogs in allen Farben des Frühlings. Jeder bei uns in der Schule trug jetzt solche Holzpantinen. Man konnte leicht rein und raus schlüpfen und sie obendrein als gefürchtete Wurfgeschosse verwenden. Ich war mittlerweile 15 Jahre alt und nicht mehr der Schwächling der Klasse. Eines Tages hatte mein Körper beschlossen zu wachsen. Ich schoss in die Höhe, so dass meine Mutter erstaunt feststellte, dass ich alle paar Wochen neue Hosen, T-Shirts und Schuhe brauchte. Die Leichtathletik brachte bei mir Muskeln zum Vorschein, von deren Existenz bis dahin niemand etwas geahnt hatte. Seit einiger Zeit interessierte ich mich auch für die Mädels. War es ein Wunder, wenn ich meiner Mutter nicht wirklich zuhörte, als sie von den alten Zeiten sprach? Von der rauen Gegend im Bayerischen Wald, in der sie aufgewachsen war, wo die Menschen von der Hand in den Mund gelebt hatten und ihre Kinder im Winter in Holzschlappen, den sogenannten Böhmschuhen, zur Schule schickten? Wie sie 1959, vor genau zwanzig Jahren, meinen Vater kennenlernte, weil sie dort drüben, gar nicht weit vom Schuhgeschäft entfernt, in einem Säuglingsheim als Pflegerin arbeitete, während er in der Handwerkskammer gegenüber eine Umschulung machte? Heute geht es mir genauso wie meiner Mutter, in Passau liegen für mich die Erinnerungen ebenfalls auf der Straße. Sie tauchen plötzlich in den italienisch anmutenden Gassen rund um den Sankt Stephans Dom auf oder kommen mir an den romantischen Stellen in der Altstadt. An jenem Tag vor dem Schuhgeschäft aber hatte ich die Zukunft im Blick, denn noch heute sollte Entscheidendes in meinem Leben passieren: Ich hatte vor, mich gegen die Vorherrschaft meines großen Bruders zu erheben und mich über eines seiner Verbote hinwegzusetzen. Bis dato war ich immer der gute Junge gewesen, fast schon der Depp, wie man bei uns in Bayern sagt. Ich hatte zuhause herumgehockt und mir Platten von Creedence Clearwater Revival angehört. Die Textzeile »I am no fortunate one – ich bin keiner der Privilegierten« traf meine Stimmungslage ganz genau. Daneben las ich Bücher von Johannes Mario Simmel wie »Und Jimmy ging zum Regenbogen«. Und mein Bruder, mein großes Vorbild? Der ließ im Jugendheim von Salzweg die Puppen tanzen. Zumindest stellte ich mir das so vor. Blicke ich heute zurück, stellt sich sofort wieder das Gefühl von damals ein. Mein Bruder war für mich Old Shatterhand, Winnetou, Kara Ben Nemsi Effendi und Bruce Lee in einer Person. Er war mein Idol, ihm eiferte ich nach, damals schon und später immer wieder. Mein großer Bruder geht zur Polizei? Dann will ich dort auch hin. Er wird heiraten? Dann werde ich das auch tun. Vielleicht war es ihm lästig, mich kleine Stubenfliege ständig um sich herumschwirren zu haben. Solange ich schwach und kränklich gewesen war, hatte er möglicherweise besser damit umgehen können.

Doch nun wurde ich ihm in der Statur von Tag zu Tat ähnlicher und äußerte Wünsche, in denen er eine Gefahr für seine Position erkennen konnte: Plötzlich wollte ich ebenfalls in den Jugendclub, wo er die meiste Zeit verbrachte. War es ein Wunder, dass er mir den Besuch schlichtweg verbot? Er sagte nicht, wenn du deine Nase durch diese Tür steckst, wird sie bluten, nein, er musste mir gar nicht drohen. Während ich in der Schule längst nicht mehr das Kerlchen war, das man mutwillig durch die Gegend schubste, war mir bis zu diesem Tag das Wort meines Bruders ehernes Gesetz gewesen. Doch heute wollte ich das ändern. Heute würde ich meine Nase durch die Tür des Jugendheims stecken, egal, ob es meinem Bruder gefiel oder nicht. Dabei hatte ich selbst noch immer nicht genug Mut gesammelt, mich von alleine gegen seinen Willen zu stemmen. Ich brauchte die Unterstützung eines Jungen aus der Nachbarschaft, dem es wie mir erging. Auch er hatte einen großen Bruder, und auch dieser hatte ihm verboten, den Jugendclub zu besuchen.

Pferde fühlen sich in Gemeinschaft wohler, und die meisten Menschen tun das auch. Pferde fühlen sich durch die Herde geschützt, und wir Menschen sind da nicht anders. Als ich dem Jungen von meinem Problem erzählte, und er antwortete: »Mann, mir geht's keinen Deut anders«, sahen wir uns an und fassten einen Plan, ohne groß Worte darüber zu verlieren. Wir wussten: Gemeinsam sind wir stark genug, unseren Brüdern die Stirn zu bieten.

So verabredeten wir uns an der Bushaltestelle, exakt um 18:45 Uhr. Das war die Zeit, wo in Salzweg die Bürgersteige hochgeklappt wurden, wenn der letzte Bus aus Passau Halt machte. Bisher hatten wir uns ab 18:45 Uhr von der Welt abgeschnitten gefühlt, doch nun waren wir bereit, eine neue Welt zu erobern. Wir erreichten das Jugendheim, wir atmeten tief ein, ich sah noch einmal an mir herunter – neues T-Shirt, neue Clogs, extrem enge Levis-Jeans, das Outfit stimmte – dann öffnete ich die Tür. Zigarettenrauch und Biergeruch schlugen mir entgegen. Damals herrschten in Jugendclubs noch andere Zeiten. Noch einmal atmete ich tief ein, doch bereits mit einem neuen Bewusstsein. Ja!, jubelte es in mir. Das ist meine neue Welt! Irgendwo in den Dunstwolken nahm ich meinen Bruder wahr. Er beachtete mich nicht, und ich tat sicher gut daran, mich ebenso zu verhalten. Dann sah ich ein paar Jungs in meinem Alter, die wie selbstverständlich im Jugendheim verkehrten. Hatten sie keinen Bruder, der ihnen das verbot? Mir gingen fast die Augen über, wie locker sie in den Sofas lümmelten und mit den Mädchen quatschten. Mädchen! Mir war nicht bewusst gewesen, wie viele Schönheiten in Salzweg lebten! Kein Wunder, wenn der Jugendclub ihre zweite Heimat war, hatte ich sie ja noch nicht kennenlernen können. Das sollte sich von heute an ändern. Ich wurde mit großem Hallo begrüßt, viele der Gesichter kannte ich von der täglichen Fahrt mit dem Schulbus – Alles paletti? Aber logo! –, und schon war ich in den trauten Kreis des Jugendclubs aufgenommen. Damit begann eine Zeit, die schöner nicht hätte sein können. Ich hatte auf einmal Freunde. Und ich hatte Freundinnen.

Sogar mein Bruder hatte nichts mehr dagegen. Wir waren von da ab nicht nur Geschwister, wir wurden zu echten Freunden und verbrachten unsere Freizeit zusammen. Dieses gute Verhältnis hat bis heute Bestand. Zum ersten Mal in meinem Leben sagte eine innere Stimme zu mir: »Manfred, du bist doch was wert.«

Es war kurze Zeit nach der Jahrtausendwende. Weil ich keine reiterliche Erfahrung mitbrachte und Girly noch nicht reitbar war, machte ich mit ihr zusammen viel Bodenarbeit. Ich hatte durch sie bereits gelernt, dass ein Pferd gerne mit uns Menschen arbeitet, sofern wir seine natürlichen Bedürfnisse und Verhaltensweisen berücksichtigen. Nun vertiefte ich mich mehr und mehr in das Wesen des Pferdes, ich wollte alles über die Psyche von Girly herausfinden. In dieser Zeit war ich selbst psychisch schwer angeschlagen – von dem guten Gefühl aus der Jugendzeit, »Manfred, du bist doch was wert«, war nichts mehr vorhanden –, aber diese Situation half mir, im Wesen eines Pferdes zu erkennen, ob es sich ebenfalls missverstanden fühlte. Es zeigte sich, dass ich bereits ein gutes Gespür entwickelt hatte. Ich fand heraus, wie ich an sie herantreten und einschätzen konnte, ob sie sich unsicher fühlen oder einfach nur ängstlich sind, was bei diesen Tieren einen großen Unterschied macht. Ich hatte selbst Schwierigkeiten, Menschen in die Augen zu blicken. Als ich auch bei den Pferden den direkten Blickkontakt vermied, zeigte sich, dass sie als Fluchttiere positiv darauf reagieren. Ich stellte mich neben sie und signalisierte, schau mal, ich bin da, aber ich will gar nichts von dir. Sah mich das Pferd dann an, streichelte ich es, allerdings nie übertrieben. Kam ein Pferd zu mir und war klar auf eine Belohnung aus, weil es das gewohnt war, schenkte ich ihm keine Beachtung. Ich verstand schnell, dass Aufmerksamkeit eine Form von Belohnung darstellt, selbst wenn es sich um negative Aufmerksamkeit handelt.

Auf dem Reiterhof, wo ich Girly untergebracht hatte, war ich der stille Beobachter, der jede Szene analysierte, um daraus seine Schlüsse zu ziehen. So stand ich zum Beispiel dabei, als ein Pferdehalter sich mit seinem Bekannten unterhielt, hinter sich sein Pferd. Schon bald wurde es diesem langweilig. Es scharrte mit den Hufen, die Körperspannung änderte sich. Der Pferdehalter war ins Gespräch vertieft, es dauerte lange, bis er die Ungeduld des Tieres bemerkte. Was tat er? Er wandte sich ihm zu, schaute ihm in die Augen und sagte laut und deutlich: »Lass das!« Ich versuchte, mich in die Psyche des Pferdes zu versetzen. Wenn es seinen Besitzer als Ranghöheren akzeptierte, was hatte es nun gelernt? Ich scharre mit den Hufen, weil mir langweilig ist, und bekomme, was ich will, nämlich seine Aufmerksamkeit. Die Worte »lass das« verstehe ich nicht, aber was ich kapiere, ist die Zuwendung vom Boss. Ob diese Erkenntnis stimmte, wollte ich ausprobieren. Ich wartete einen günstigen Zeitpunkt ab, bis ich einen Besucher auf dem Hof in ein Gespräch verwickeln konnte. Girly stand bei mir. Da sie schon damals geduldig war, dauerte es seine Zeit, bis sie erste Anzeichen von Langeweile zeigte. Ich blickte sie nicht an, sondern schob sie ein Stück zurück. Girly hatte mich längst als Ranghöheren akzeptiert, nun machte ich ihr in dieser Situation klar: Der Boss bleibt hier noch etwas stehen, und daher tust du es auch. Es funktionierte.

Seit dem Beginn meiner Zusammenarbeit mit Girly ist viel Wasser die Donau hinabgeflossen. Habe ich heute Film- oder Fotoaufnahmen, sind die Kameraleute und Fotografen stets voller Lob, wie Girly so eine Engelsgeduld für diese endlose und für ein Pferd langweilige Arbeit aufbringen kann. Ich schmunzle in mich

Anfangs verlief die Kommunikation mit Girly nicht immer ganz reibungslos

hinein, weil ich weiß: Von nichts kommt nichts. Dass wir heute diese Fotosessions ohne Probleme über die Bühne bringen, hat nichts mit Engelsgeduld, sondern mit viel Arbeit zu tun. Die Anfänge liegen Jahre zurück, sie begannen mit unseren ersten Übungen.

Ich selber merkte gar nicht so richtig, dass die Art und Weise, wie ich mit Girly umging, auf dem Pferdehof Aufmerksamkeit erregte. Hin und wieder fragte mich jemand, ob ich beim Verladen eines Pferdes helfen könne oder beim Aufsatteln oder wenn der Hufschmied komme. Das war für mich eine Selbstverständlichkeit. Selbst dann, als sich Pferdehalter von anderen Höfen bei uns blicken ließen und mich Leute anriefen, die ich persönlich gar nicht kannte, dachte ich mir nichts dabei. Ich freute mich einfach, dass ich helfen konnte, schließlich war mein Selbstwertgefühl in dieser Zeit noch immer im Keller. Zwar war ich weit davon entfernt, die Souveränität und das Selbstmitgefühl von heute an den Tag zu legen, doch mit jedem Pferd und seinem Besitzer, die mich um Hilfe baten, wurde es ein bisschen mehr. Mit jeder Erfahrung, die ich machen durfte, wuchs meine Expertise.

So war es auch, als Esther anrief. Sie hatte ihren Omar, einen vierjährigen Vollblutaraber-Wallach, auf einem Pferdehof bei Vilshofen stehen und über Bekannte von mir gehört. Es war das erste Mal, dass ich mich ins Auto setzte, um »auswärts« einem Pferd und seiner Besitzerin zu helfen. Mein erster Einsatz sozusagen. Daher sagte ich mir, als ich eine dreiviertel Stunde später in Vilshofen ankam, dass ich eigentlich nervös sein müsse. Das war aber nicht der Fall. Schon damals zeigte sich die Auswirkung der Bradykardie. Mein Puls ging keinen Deut schneller, ganz im Gegenteil, er verlangsamte sich, obwohl Omar das Prädikat »Vollblut« mit Leib und Seele auslebte. Ich konnte mich kaum sattsehen, wie kraftstrotzend und elegant er über die

Weide galoppierte. Als ehemaliger Leichtathlet fühlte ich mich an die Königsdisziplin aller Olympischen Spiele und Weltmeisterschaften erinnert, den 100-Meter-Wettkampf der Männer, wenn es darum geht, den schnellsten Menschen der Welt zu ermitteln. Legen die Weltmeister ihrer Zeit wie Asafa Powell, der unvergleichliche Carl Lewis oder Usain Bolt diese Strecke in 9,58 Sekunden und jedes Mal noch einen Deut schneller zurück, sitze ich vor dem Fernseher. Das Zusammenspiel von Sehnen, Muskeln, Blutkreislauf und dem chemischen Baukasten unseres Körpers, der die nötige Energie dafür bereitstellt, fasziniert mich und erinnert mich immer wieder daran, dass wir Menschen zum Laufen geboren sind.

»Vogel fliegt, Fisch schwimmt, Mensch läuft«, sagt der Volksmund, und das stimmt auch: 80 bis 100 Kilometer legten Nomadenvölker wie die Khoisan, die Tuareg oder die Mongolen pro Tag zurück, als sie noch ihren ursprünglichen Wanderrouten folgten – eine Leistung, die im Tierreich nirgendwo erreicht wird. Und was ist mit den Pferden? Omar raste über die Weide, was zwar ein schöner Anblick war, aber seiner Art als Energieerhalter keinesfalls entsprach.

»Dabei hat er heute einen ruhigen Tag«, sagte Esther. »Gestern ist er zweimal ausgebrochen. Meine Güte, bis wir ihn wiederhatten! Dort drüben ist gleich die Landstraße, du kannst dir vorstellen, wie mir jedes Mal das Herz fast stehenbleibt.«

Sie deutete auf die Absperrung der Weide. Es war ein 1,60 Meter hoher Pfahlzaun aus Holz. »Der geht da einfach durch, als ob der Zaun gar nicht da wäre.«

Ich schaute mir die Weide an. Sie bot ausreichend Platz, war frei von Unkraut und Giftpflanzen und sauber abgemistet. Es gab frisches Wasser, Bäume für den nötigen Schatten und einen Unterstand als Witterungsschutz. Ich hatte zwar noch nicht die ganz große Erfahrung, aber schon genügend Weideplätze gesehen, die »unter aller Kanone« waren. Da lagen Schutt und Geröll herum, an dem sich die Pferde verletzen konnten, und es wuchsen für sie giftige Pflanzen wie das Jakobskreuzkraut oder der Ackerschachtelhalm. Von alldem war auf Omars Weide nichts zu sehen, daher schloss ich einen Fluchttrieb aus.

Es dauerte eine geraume Zeit, bis wir den Wallach eingefangen hatten. Ich probierte es mit einer einfachen Führübung und merkte gleich, das passte ihm gar nicht. Als er anhalten sollte, ging er einen Schritt weiter. Das wollte ich korrigieren, was er gar nicht einsah. Im selben Moment, als ich ihm den Rücken zudrehte, biss er mich kräftig in die rechte Schulter. Eine Narbe mehr an meinem ohnehin vernarbten Körper. Unsere Narben sind Zeichen, dass wir gelebt haben, sagt ein gerne verwendetes Sprichwort, und an diesem Tag kam bei mir noch ein wenig Leben dazu. Esther erschrak, war aber nicht weiter überrascht. Sie selbst hatte von Omar auch schon den einen oder anderen Biss abbekommen.

»Er hält nicht gerade viel aus«, sagte ich. Zu dieser Zeit verwendete ich den Begriff Frustrationstoleranz noch nicht, der es viel besser auf den Punkt bringt. Omar war der Erste unter Aberhunderten Pferden in meiner Karriere, die unter niedriger Frustrationstoleranz litten. Den Begriff »leiden« benutze ich dabei ganz bewusst. Wie bei uns Menschen – niedrige Frustrationstoleranz gibt es schließlich auch bei uns – verursacht diese Eigenschaft bei den Pferden sehr viel Stress.

Sowohl Pferde als auch wir Menschen verbrauchen eine Menge Energie, wenn wir mit allen Mitteln versuchen, das von uns Gewünschte zu bekommen, oder uns vehement dagegen wehren, das von uns Verlangte zu vollbringen. Genauso verhielt sich Omar. Er kannte im buchstäblichen Sinne keine Grenzen. Wenn sich vor ihm welche auftaten, und sei es ein Zaun, zeigte er sich nicht bereit, sie zu akzeptieren. Das kostete ihn allerdings sehr viel Kraft, was ihn noch mehr aufbrachte. Ganz klar: Für Esther stand viel Arbeit an.

»Dein Pferd braucht klare Regeln.« Ich weiß nicht, wie oft ich diesen Satz seit damals gesagt habe. »Du musst ihm zeigen, wie weit er gehen darf. Aber …«, ich machte eine eindringliche Pause, »du zeigst ihm das nicht mit der Gerte!«

Zum Glück war Esther überhaupt nicht der Gerten-Typ und auch völlig immun gegen »gutgemeinte« Ratschläge anderer Pferdehalter. Sie war außerdem bereit, Zeit zu investieren, und – ich kann es nicht häufig genug betonen – anders geht es nicht. Ich zeigte ihr verschiedene Führmethoden und die Arbeit am Boden, und versprach ihr, dass selbst ein Vollblut wie Omar daran Freude finden würde.

»Auch Omar will eine klare Führungspersönlichkeit«, sagte ich. »Du bist gut zu ihm, und das ist super. Was er aber nicht braucht, ist einen Menschen, der so gut zu ihm ist, dass er fast schon ein Depp ist.«

Esther grinste. Als waschechte Niederbayerin wusste sie sofort, was ich meinte. Sie versprach, alle Ratschläge zu beherzigen, und das tat sie auch. Omar ist nie wieder aus der Weide ausgebrochen und hat auch nicht mehr gebissen.

Heute Morgen, als mir die Idee kam, über Omar zu schreiben, betrachtete ich eine Zeitlang versonnen die Narbe auf der Schulter, die er mir verpasst hat. Unwillkürlich musste ich lachen. Denn mit dieser Erinnerung kommen auch viele anderen Erinnerungen zurück: an die Clogs in allen Farben des Frühlings. An einen Halbwüchsigen, der sich zum ersten Mal in den Jugendclub traut. An den Manfred auf dem Weg zum Erwachsenen, der nicht länger »everybody's darling« sein wollte. Ich glaube, es war Franz Josef Strauß, der diese bayerische Weisheit salonfähig gemacht hat, als er in einer Rede betonte: »Everybody's darling is everybody's Depp.« Dass ich eines Tages mit diesem polarisierenden Vollblutpolitiker – der ähnlich einem Omar keine Grenzen akzeptierte – zu tun haben würde, wusste ich damals noch nicht, doch während meiner Karriere bei der Polizei sollte ich auch eine Zeitlang zu seinem Personenschutz gehören.

Nachdem mein Leben Ende der 70er Jahre diese entscheidende Wendung genommen hatte, nahm es allmählich Fahrt auf. Dass die Richtung allerdings nach unten wies, konnte ich nicht ahnen.

7

Als ich fünf Jahre alt war, hat meine Mutter mir immer gesagt, dass es das Wichtigste im Leben sei, glücklich zu sein. Als ich in die Schule kam, baten sie mich aufzuschreiben, was ich später einmal werden wolle. Ich schrieb auf: »Glücklich.« Sie sagten mir, ich hätte die Frage nicht richtig verstanden, und ich antwortete ihnen, dass sie das Leben nicht richtig verstanden hätten.

Ich muss zugeben, als ich bei der Polizei anheuerte, gehörte John Lennon noch nicht zu meinen bevorzugten Zitatgebern. 1981, ein Jahr nach seinem gewaltsamen Tod in New York durch den Attentäter Marc David Chapman, war er zur Ikone der immer größer werdenden Friedensbewegung geworden. Häufig genug sollten mir diese Menschen erbittert und entrüstet gegenüberstehen, während ich an meinem Auftrag verzweifelte, in ihnen die Gegner des Staates zu sehen. Welcher junge Bursche ahnt schon solche Dinge, wenn er sich in den Kopf setzt, zur Polizei zu gehen? Im Zeitalter des Internets ist das vielleicht anders, doch damals bezog ich mein Wissen aus dem öffentlich-rechtlichen Fernsehen und der lokalen Tageszeitung. Darin wurden Polizisten stets als vertrauenswürdig beschrieben, als dein »Freund und Helfer«. Und das wollte ich auch sein: ein Freund und ein Helfer.

Bis jetzt war ich aber nicht mehr als ein Schüler auf der Fachoberschule Passau, der sich nach Kräften bemühte, absichtlich schlechte Leistungen zu bringen. Nur nicht als Streber verschrien zu sein, das war noch immer meine Devise. Ich gehörte zu den Wortführern der Salzweger Kirchenplatz-Clique, die den harten Kern des Jugendheims bildete. Die Jungs in dieser verschworenen Gemeinschaft hatten zwei Interessen: Mädels und Alkohol. Vielleicht war die Reihenfolge auch andersherum. Der Schriftsteller Stephen King schreibt in seinen Lebenserinnerungen, dass er im Alter von 16 Jahren zum ersten Mal stockbesoffen war und damals sein Weg zum Alkoholiker und Kokainabhängigen – Letzteres wurde ich zum Glück nie – begann. Ich hatte meinen ersten Vollrausch im zarten Alter von 14 Jahren gehabt. Wenn ich um 13:30 Uhr von der Schule nach Hause kam, fand ich mich eine halbe Stunde später auf dem Kirchenplatz ein. Dort lungerten bereits die anderen herum. Egal, ob wir zum Baden gingen, am Wochenende zum Zelten, hinunter ins Atlantik-Kino an der Ilz oder in die Disco von Salzweg, die immer nur Sonntagnachmittags geöffnet hatte: Irgendjemand hatte immer Alkohol dabei. Den Begriff »Vorglühen«, den die Jugend von heute verwendet, gab es damals nicht, und auch von »Komasaufen« sprach kein Mensch. Gemacht haben wir es trotzdem. Wir marschierten zum örtlichen Getränkehändler, der ein sonderbarer Einzelgänger war, fast schon ein Grattler. Mit keinem im Ort konnte er etwas anfangen, aber uns Burschen hatte er seltsamerweise in sein Herz geschlossen. Extra für uns stellte er eine Biergartengarnitur in den Hof, an der wir Platz nahmen, um in aller Seelenruhe der Mutprobe unserer Jugend nachzugehen: Der gesamte Tisch wollte »leer getrunken« werden. Das ging so: Der Getränkehändler schleppte Bier heran, Flasche um Flasche um Flasche, und wir leerten sie, bis keine mehr auf dem Tisch Platz hatte. Stellte man sie ordentlich in Reih und Glied auf – das kriegten wir auch dann noch hin, wenn wir sturzbetrunken waren –, hatten darauf vierzig Flaschen

Platz. Waren wir zu zehnt, wurde der Tisch abgeräumt, und wir begannen von vorne. Weil wir alle auch rauchten wie die Weltmeister und dabei die Sprüche der damaligen Zeit zum Besten gaben – »Wer Reval raucht, frisst auch kleine Kinder« und »Siehst du die Kreuze am Wegesrand? Das sind die Raucher von Stuyvesant« –, eine Packung allerdings schon damals mit drei Mark heftig zu Buche schlug, nahm ich beim Nachbarn einen Rasenmäherjob an. So begann ich, eine Sucht zu finanzieren, die ich noch nicht als Sucht erkannte. Mehr noch, dieser Ausdruck fand gar keinen Weg in meinen Wortschatz. Niemand redete von Sucht, wir sprachen von Spaß. Der Gedanke, dass aus Spaß Ernst werden kann, ist für Burschen in diesem Alter keinen Pfifferling wert und wird auch später gerne in den Wind geschlagen. Stephen King beschreibt in seiner Lebenserinnerung, wie er auf der Abschlussfahrt seiner Klasse nach Washington zum ersten Mal völlig betrunken war. Danach geht es ihm richtig schlecht, mies hoch zwei, ach was, hoch vier. Einmal reicht, denkt er sich, das war nur mal zum Kennenlernen, nur ein Idiot würde das noch ein zweites Mal ausprobieren, nur ein masochistisch Verrückter würde Alkohol zum Teil seines Lebens machen. Kaum nüchtern findet er sich in einem Laden wieder, wo ihm ein Angestellter eine Flasche Fuselwhisky verkauft, ohne nach dem Ausweis zu fragen, wie es das Gesetz eigentlich will. Zehn Jahre später sitzt King mit seinem Agenten in einer Bar, und ein Schild fällt ihm ins Auge.

Darauf steht: »Speziell für Frühaufsteher: Whisky zwischen 8-10 Uhr nur einen Dollar.«

Stephen King fragt den Barkeeper, wer um alles in der Welt morgens um acht Uhr schon einen Whisky verlange.

Der Mann mustert ihn, erkennt seinen Pappenheimer, und antwortet: »Na, Leute wie Sie.«

Zu dieser Zeit war King Alkoholiker und kokainabhängig. Aber er realisierte es überhaupt nicht. In seinen Augen – und in den Augen unzähliger Leidensgenossen – war alles in Ordnung.

Heute, während ich diese Zeilen schreibe, weiß ich, dass ich nicht der Einzige aus der damaligen Kirchenplatz-Clique war, der später mit Alkoholproblemen zu kämpfen hatte. Darüber hinaus weiß ich, dass es Ähnliches landauf, landab in vielen der kleinen Orte und Gemeinden gab und gibt. Und in der Stadt ohnehin. Fuhren wir nach Passau – meist per Anhalter, bis die ersten aus der Clique den Führerschein hatten –, führte, uns der direkte Weg zum Exerzierplatz. Dort stand die Nibelungenhalle, 1934 von den Nationalsozialisten erbaut und in den kommenden Jahren Kulisse für Aufmärsche von über 30.000 Menschen. Markige Worte wurden bei der Grundsteinlegung von Gauleiter Hans Schemm gesprochen: »Aus dem Granit und dem Holz des Bayerischen Waldes erbaut, soll diese Symbolik uns hinführen zu unseren höchsten Idealen, Blut und Boden und Gott.« Natürlich interessierte uns Jungs von der Kirchenplatz-Clique die Symbolkraft dieses Ortes nicht die Bohne, genauso wenig wie die Zeit, als die Nibelungenhalle in den 70er Jahren zum Mekka aller CSU-Anhänger wurde, weil Franz Josef Strauß dort seine Auftritte beim politischen Aschermittwoch hatte. Uns interessierte nur die legendäre Uhr vor der Halle, wo sich Generationen von Passauern einfanden. »Treffen wir uns an der Uhr«, war das geflügelte Wort für unsere Ausflüge in die große Stadt. Dann zogen wir weiter in die »Camera«, wo bei Beach Partys ein Pool aufgestellt war, in den man auch mal ohne Badehose steigen konnte. Oder in die Milchbar »Pantschn«, in der beileibe nicht nur Milch über den Tresen ging, oder ins Café Haselbauer in der Theresienstraße, ins »Calvados«, das bis morgens um fünf Uhr geöffnet hatte, und natürlich immer wieder in den »Landsknecht«. Kamen wir nach durchzechten Stunden nach Salzweg zurück, schauten wir trotzdem noch bei unserem Getränkehändler vorbei. Wir leierten ihm auch zur nachtschlafenden Stunde noch ein paar Flaschen aus dem Kreuz. Schließlich wollten wir noch einen Tisch leer saufen.

Die Kirchenplatz-Clique zerfiel, als ich um die 19 Jahre alt war. Die einen standen bereits im Berufsleben, die anderen mussten zur Bundeswehr oder kämpften gegen ihre Einberufung an, um einen Zivildienst zu beginnen. Nichts davon konnte man in Salzweg tun, und so trennten sich unsere Wege. Ich selbst fand zu dieser Zeit die erste große Liebe, und plötzlich stand ein Gedanke im Raum, den ich zuvor noch nie in meinem Leben gehabt hatte: Ich wollte seriös werden. Ein wenig muss ich schmunzeln, wenn ich an damals zurückdenke. Seriös werden, was sollte das bedeuten? Der Begriff schaffte es aus dem Französischen in unseren Wortschatz, in der Kaufmannssprache des 17. Jahrhunderts war er gleichbedeutend mit »aufrichtig«, »zuverlässig«, »vertrauenswürdig«. Diese Worte gefielen mir. Jetzt, wo ich ein Mädchen an meiner Seite hatte, das ebenfalls Ambitionen in diese Richtung verspürte, war die Sache klar: Ich wollte einen Beruf ergreifen, der Aufrichtigkeit verlangte und Zuverlässigkeit. Ich wollte so vertrauenswürdig sein, wie es in der Zeitung immer besonders einer Berufsgruppe zugeschrieben wurde: der Polizei. Außerdem war mein großer Bruder seit einigen Jahren Polizist. Zwar hatte ich mich gegen seinen Willen gestemmt und war Mitglied im Jugendclub geworden, sogar in der Hierarchie dort nach oben geklettert, trotzdem war er für mich noch immer das Maß aller Dinge. 1976 hatte er beschlossen, zur Polizei zu gehen, und war noch im selben Jahr eingestellt worden. Seine Grundausbildung absolvierte er in Eichstätt, und Woche für Woche fieberte ich dem Freitagabend und seiner Rückkehr entgegen. Dann erzählte er mir von seinen Abenteuern, und alles, was recht ist, Abenteuer waren es, die so ein Polizist tagtäglich erlebte! Verflixt und zugenäht, wie sehr ich das auch wollte! Ich möchte Polizist werden, dachte ich mir, und als sich dann die Sache mit der Seriosität in den Vordergrund schob, änderte ich diesen kleinen Satz entscheidend ab: »Ich muss Polizist werden«, hieß er nun, und die Betonung lag auf dem Wort »muss«. Es gab nichts anderes mehr in meinem Denken. Polizist oder gar nichts, lautete von jetzt an meine Devise.

Wer nur entweder – oder kennt, wer keine Mittelwege oder Kompromisse zulässt, begibt sich auf dünnes Eis. Das sollte ich zu spüren bekommen, als ich mit Begeisterung meine Bewerbung verfasste. Ich setzte mich an den Schreibtisch und rückte die Brille zurecht, die ich seit einem Jahr trug. Vor meinem geistigen Auge sah ich mich schon in derselben schmucken Uniform, wie sie mein Bruder jeden Freitag vorführte. Die gab was her, darin sah man nach was aus. Wenn ich mir heute darüber Gedanken mache, wird mir klar, dass der junge Bursche, der ich damals war, in dieser Uniform mehr sah als nur einen Dienstanzug. Offenbar war ich auf der Suche nach Anerkennung und Respekt, und das Dorfleben hatte mir immer wieder gezeigt, wie Leute Uniformen ihre Achtung erwiesen. Wie seltsam mir das heute vorkommt, aber auch wie anrührend. Fahre ich nachher zu Girly auf den Hof, trage ich Jeans und ein einfaches Hemd. Natürlich habe ich nicht vergessen, dass die Generation vor mir Jeans ebenfalls als Uniform verdammte, auch wenn man sich heute kaum ein zivileres Kleidungsstück vorstellen kann. Auch ließ ich mir gleich nach meiner Dienstentlassung die Haare wachsen, weil ich eigentlich schon immer lange Haare kurzen vorzog. Doch damals, als ich es kaum erwarten konnte, endlich meinen 18. Geburtstag zu feiern, marschierte ich zum Friseur und ließ mir einen polizeitauglichen Einheitsschnitt verpassen, freute mich auf die Uniform und übte mich auch sonst in Konformismus, als wäre ich bereits im Dienst. Dass es so kommen würde, stand für mich auch außer Frage. Ich war mittlerweile ein athletischer junge Mann, auf der 800-Meter-Strecke kaum zu schlagen, mit einem Bizeps, der nicht nur meinem Mädchen gefiel, und einem Waschbrettbauch, der bei unseren Badeausflügen an die Ilz den Neid meiner Kumpels weckte. Ich war hell im Kopf, aufgeweckt, und vor allem: Ich war motiviert. Was zum Kuckuck, dachte ich, kann da noch passieren? Ich steckte die Bewerbung in einen Umschlag, klebte ihn zu, fuhr hinab nach Passau und brachte ihn zum zuständigen Einstellungsberater der Polizei. Spätestens in der kommenden Woche, so meine Rechnung, würde ich die Zusage im Briefkasten haben. Ich war ein glücklicher Mensch, als ich Richtung Exerzierplatz lief, weil ich mich dort unter der Uhr mit meiner Freundin verabredet hatte. Es gab schließlich etwas zu feiern. Wir hatten eine gemeinsame Zukunft, und diese sah rosig aus.

Wie viele Sprichworte gibt es, die uns davor warnen, Illusionen mit der Realität zu verwechseln? »Träume sind Schäume« lauten sie, und: »Erstens kommt es anders, und zweitens als man denkt.« Oder wie die Iren es so poetisch ausdrücken: »Der Mensch plant. Gott lacht.« Wer jedenfalls nicht gelacht hat, war ich. Tatsächlich hatte ich schon bald ein Antwortschreiben im Briefkasten. Ich riss es auf und rechnete damit, einen Satz zu lesen, der nicht anders lauten konnte als: »Lieber Manfred Weindl, herzlichen Glückwunsch! Sie erfüllen sämtliche Voraussetzungen, um in den Bayerischen Polizeidienst einzutreten. Finden Sie sich daher an Ihrer Ausbildungsstelle in …«, und so weiter und so fort. Stattdessen las ich: »Sie erfüllen nicht die Vorausetzungen … Ihre Sehkraft reicht nicht aus.« Ich erinnere mich, wie ich erstaunt meine Brille abnahm. So konnte ich den Brief doch immer noch lesen, wie ich ohnehin alles gut sehen konnte. Aber da stand schwarz auf weiß, dass mein linkes Auge eine Sehstärke von lediglich zehn Prozent aufweise und 50 Prozent erforderlich seien. Ansonsten sei es unmöglich, ein guter Polizist zu werden. Ansonsten war man wie wertlos. Ich war also wertlos. Das in etwa las ich in diesem Brief: Du, Manfred Weindl, bist ein blindes Huhn. Und damit untauglich. Schleich di, und such dir einen anderen Job.

Ich wollte aber keinen anderen Job! Ich hatte den Satz »Ich möchte Polizist werden« in »Ich muss Polizist werden« abgeändert. Ich hatte mir mit meiner Freundin die rosige Zukunft ausgemalt. Wir hatten uns unter der großen Uhr geküsst, wir waren Arm in Arm durch die Passauer Altstadt geschlendert, wir hatten über ein Leben zu zweit, über eine gemeinsame Wohnung und über Kinder gesprochen. Das alles konnte es nur geben, wenn der Brief vor mir nicht mit dem Wort »Absage« sondern mit »Zusage« überschrieben war. Zusage, nicht Absage, hört ihr das, ihr Sesselfurzer? Meine Enttäuschung verwandelte sich in Wut, meine Wut in ohnmächtigen Zorn, mein Zorn in eine schwarze Wolke. *Die* schwarze Wolke. Die schwarze Wolke meiner Kindheit, die ich in den letzten Jahren höchstens mal als dunklen Streifen am Horizont wahrgenommen hatte. Die schwarze Wolke, die meinem Dasein jede Freude, jede Farbe und jedes Licht entziehen konnte, sie ballte sich über mir zusammen und hüllte mich ein. Mit diesem Brief kam meine Depression zurück. Denn darin stand: Versager. Niete. Nichtsnutz. Nicht mal deine Augen taugen etwas. Ich hatte mich derart unter Druck gesetzt, dass ich auch jetzt nicht damit aufhörte. Die schwarze Wolke hatte ein leichtes Spiel.

Schreibe ich heute darüber, fällt mir eine Geschichte aus meiner Anfangszeit mit Girly ein. In der lehrte sie mich, genau diesen Druck aus dem Leben zu nehmen. Erlebnisse wie dieses zeigen mir immer wieder, wie sehr wir doch miteinander verbunden sind. Wäre Girly ein Mensch, würde ich sie als meinen Seelenzwilling bezeichnen. Nun ist sie aber ein Pferd, also bezeichne ich sie … trotzdem als meinen Seelenzwilling. Denn immer mehr merkte ich, wie sehr sie mich und mein Verhalten spiegelte. Schon früh gab sie mir das Gefühl, dass sie denkt wie ich, fühlt wie ich, reagiert wie ich. Das merkte ich bereits, als ich sie mit dem Führstrick auf einen Weg führen wollte. Üblicherweise gehen Pferde auf Gegenzug, sobald man mit diesem Führstrick eigenen Zug ausübt. In meiner Laufbahn habe ich daher schon den abenteuerlichsten Situationen beigewohnt, wenn Pferdebesitzer mit ihren

Tieren das Zug-Gegenzug-Spiel spielen. Mitunter wirkt das wie das Kräftemessen beim Tauziehen und sieht so absurd aus wie in einem Film mit Charlie Chaplin oder Buster Keaton. Dabei ist die Regel ganz einfach: Ein Pferd verträgt wenig Druck, je intelligenter und sensibler es ist, umso weniger Druck darf man ausüben. Ich muss gerade daran denken, wie es gewesen wäre, hätte ich damals als junger Bursche schon Girly als Lehrmeisterin gehabt! Anstatt mich unter Druck zu setzen, hätte ich besser meiner Sensibilität Vorrang eingeräumt. Doch »Hätte, hätte, Fahrradkette«, sagte Peer Steinbrück einmal so passend. Damals hatte ich eben keine Girly als Spiegel. Mit ihr war es so: Machte ich ihr zu viel Druck, verstand sie die Welt nicht mehr und wirkte auf einmal völlig überfordert. Das Pferd, das heute von Kameraleuten und Fotografen über den grünen Klee gelobt wird, riss dann die Augen weit auf, ihre Unterlippe wippte auf und ab, sie zeigte alle Anzeichen von Stress. Kaum nahm ich den Druck zurück, tat sie bereitwillig, was ich verlangte, solange es in ihren Augen Sinn ergab. Wollte ich also, dass sie zu mir kam, durfte ich nicht so fest an ihrem Führstrick ziehen. Damit sparten wir uns jegliche Charlie-Chaplin-Nummer.

Druck abbauen statt aufbauen, das muss unser Motto sein. Wenn wir wollen, dass etwas bei uns bleibt, zu uns kommt oder zurückkehrt, müssen wir erst einmal loslassen. Möglicherweise gehört das zu den wichtigsten Erkenntnissen, die Girly mir ermöglicht hat. Unzweifelhaft braucht es aber auch eine gewisse Lebensreife, um das zu verstehen. Wenn wir einem jungen Burschen, der sich mit allem, was er hat, an den Strohhalm »Polizeidienst« klammert, sagen, er solle jetzt einfach loslassen und gucken, was passiert – woher soll er den Weitblick nehmen? Woher soll die Gelassenheit kommen?

Nein, ich war alles andere als gelassen. Ich hatte keinen Weitblick, im wahrsten Sinne des Wortes, mit meinem Zehn-Prozent-Auge.

Ich sah nur den Strohhalm, ich hatte Scheuklappen auf, diese aus Leder gefertigten Schilde, mit denen man das weite Gesichtsfeld der Pferde künstlich einschränkt. Genau das tat ich, und das sogar freiwillig: Ich schränkte mein Gesichtsfeld ein, nahm nicht wahr, welch einladender Spielplatz die Welt da draußen ist. »The world is your oyster«, sagt ein englisches Sprichwort und meint damit: Die Welt liegt dir zu Füßen. Geh raus, und suche dir die Auster mit deiner Perle darin. Ich glaubte aber, sie bereits gefunden zu haben. Dabei war es nicht meine Perle. Es war die meines großen Bruders, aber das war mir noch nicht klar.

Meine depressiven Schübe ähneln einer Achterbahnfahrt auf dem Jahrmarkt. Es geht so sehr rauf und runter, dass einem schwindelig werden kann. Bei so mancher Abfahrt glaube ich zu sterben, und aus jeder Kurve scheint es mich herauszutragen. Doch dann geht es auch wieder aufwärts, und ich meine, dort oben ein Ziel zu erkennen. Dann erwacht mein Kampfgeist wieder. So war es auch damals. Die wollen dich nicht? Na, die werden dich kennenlernen! Das wäre doch gelacht. Den Sieger erkennt man beim Start, und den Verlierer auch, verflixt nochmal. So schnell kriegt ihr mich nicht unter, ihr Säcke! Ein Manfred Weindl ist ein Fighter! Ihr gebt mir Druck? Na bitte, dann kriegt ihr ebenfalls Druck! So mancher der großen Jungs, die mich Schwächling in der Schule drangsalierten, hatte sich auf einmal überrascht einem Kämpferherzen gegenübergesehen. Einem der schlimmsten Raufbolde hieb ich einen spitzen Bleistift in die Hand, nachdem er mir wieder und wieder und wieder zugesetzt hatte. Darin ähnelte ich Rocky Balboa, dem berühmten Boxer, verkörpert von Sylvester Stallone, der immer dann auf Betriebstemperatur kam, wenn ihn sein Gegner mehrere Runden durch den Ring gedroschen hatte. So sah ich das auch: Runde 1 hatte ich verloren, jetzt kam Runde 2. Ich ging zur Beratungsstelle der Polizei, um mit dem Einstellungsberater eine Lösung für mein Problem zu finden, und stellte ihm mit der ganzen Naivität meiner 17 Lebensjahre die Frage: »Kann man da nichts machen?«

»Natürlich kann man da nichts machen. Vielleicht eine Augenoperation, falls die eine Verbesserung bringt. Da fragen Sie aber besser Ihren Arzt.«

So oder ähnlich hätte die Antwort lauten müssen. Stattdessen sah mich der Polizeiberater über den Rand seiner Brille an – offenbar war es um seine Augen auch nicht besonders gut bestellt – und lächelte sibyllinisch: »Nun ja. Wenn du erst einmal 18 bist, brauchst du keine 50 Prozent Sehstärke mehr. Dann reichen 30 Prozent.«

Bei meinem IQ-Test hatte ich einen Wert von 128 erzielt, aber diesen Satz verstand ich nicht.

»Wie meinen Sie das?«

»Wie ich es sage. Wenn du 18 bist, machst du den Sehtest nochmal. Schreib's dir hinter die Ohren. Dann reichen auch 30 Prozent Sehstärke.«

Das verstehe, wer will. Doch wer sich an einen Strohhalm klammert, stellt keine unnötigen Fragen. Also stand ich auf, bedankte mich artig und ging nach Hause. So hatte ich mir Runde 2 nicht vorgestellt. Auf der anderen Seite hatte ich auch keinen K.o. erfahren. Der Kampf ging einfach nur weiter. Ich war bereit dazu.

In all dem Tohuwabohu verspürte ich nur wenig Lust, weiterhin aufs Gymnasium zu gehen. Trotzdem, Schule musste sein, auch wenn ich die Tage gern anders verbracht hätte. Deutschland ist ein Land der Papiere, sagte ich mir, und wenn ich zur Polizei will, brauche ich ein Papier, auf dem »Abschlusszeugnis« zu lesen ist. Und vor allem brauche ich ein Papier, auf dem 30 Prozent Sehstärke steht, mindestens. Vielleicht auch ein paar Prozentpunkte mehr, falls sich der Berater irrt. So ganz traute ich dem Frieden nicht.

Zum Glück ist Passau mit Schulen reich gesegnet. Ein paar Haustüren weiter befand sich die Fachoberschule, dort gab es einen sozialen Zweig. Ich und der soziale Zweig? Meine Wahl hätte mir zu denken geben können. Ein paar von meinen Kumpels wunderten sich jedenfalls. Aber so ist es mit Scheuklappen: Ich sah nicht, dass ich eine Wahl traf, die besser meinen Neigungen entsprach als die, die ich mir in den Kopf gesetzt hatte. Selbst als alles in der neuen Schule wie am Schnürchen klappte, ging mir kein Licht auf. Was ich dort lernte, machte mir Freude. Trotzdem sagte ich nicht: Damit sollte ich auch nach der Schule weitermachen und vielleicht wie ein paar Kumpels den Zivildienst anstreben. Denn tatsächlich fand ich eines Tages wieder ein behördliches Schreiben im Briefkasten. Diesmal stand nicht Absage darauf, sondern Zusage, im übertragenen Sinn. Ich war nun reif für den Wehrdienst und wurde zur Musterung eingeladen. Das heißt, eingeladen ist nicht das richtige Wort. Zu dieser Zeit war man noch ein Außenseiter, wenn man den »Kriegsdienst mit der Waffe« verweigerte. So hieß das damals ganz schnörkellos während des Kalten Krieges, der zwischen den Staaten der NATO und denen des Warschauer Paktes tobte. Meine Kumpels und ich wussten, dass eine abgelehnte Verweigerung – und sie wurde meistens abgelehnt – Monate der Schinderei beim Bund nach sich ziehen konnte. Über Sein oder Nichtsein bestimmte die »Gewissensprüfung vor dem Prüfungsausschuss des Kreiswehrersatzamtes«. Und dort saßen keine Leute, die denen wohlwollend gesinnt waren, die das System in Frage stellten. In diesem Prüfungsausschuss wurden perfide Fangfragen gestellt: »Sie gehen während des 3. Weltkriegs durch Regensburg und kommen an einer Flugabwehrbatterie vorbei, die von drei Mann bedient werden muss. Einer ist vom Feind erschossen worden, die anderen bitten um ihre Mithilfe, denn ein feindlicher Bomber nähert sich der Stadt, der Tausende Menschen töten wird. Er muss unbedingt abgeschossen werden. Was tun Sie?«

Die Fragen waren dumm, und sie waren unheilvoll. Es nützte aber nichts, mit »Im 3. Weltkrieg läuft keiner mehr durch Regensburg, denn im 3. Weltkrieg sind wir alle tot« zu kontern. Stattdessen galt es, geschickt zu argumentieren, auch dann, wenn die Männer des Ausschusses mit Vergnügen in der Stimme die beliebte Vergewaltigungsfrage stellten: »Jemand will ihre Freundin vergewaltigen. Zufällig haben Sie eine geladene Waffe in der Tasche. Wie reagieren Sie?« Alle Kumpels, die den »Kriegsdienst mit der Waffe« verweigerten, steckten über diese Frage ständig die Köpfe zusammen. Es kursierten Antworten, mit denen man sie aushebeln konnte, zumindest hofften sie darauf. Dann wandten sie sich an mich: »Was ist mit dir? Verweigerst du auch?«

Nicht einmal die Frage war mir in den Sinn gekommen. Ich marschierte zur Musterung und wurde als »T2« eingestuft. Die Tauglichkeitsstufen rangierten von »T1« wie spitzenmäßig, über »T2«, sehr gut, bis zu »T5« – im Kriegsfall nur als Geisel verwendbar, wie es in Woody Allens Film *Der Stadtneurotiker* heißt. Von irgendwelchen Sehschwächen war bei der Musterung keine Rede. Ich bestand den Sehtest mit Bravour. Lag es daran, dass der Russe vor der Tür stand, wie es der Stabsunteroffizier lachend sagte, und man daher jeden brauchte? Oder weil jetzt immer mehr junge Männer verweigerten? In dieser Zeit wuchs die Friedensbewegung rasant an, was ich allerdings erst bemerkte, als ich im Polizeidienst gegen sie ins Feld rücken musste.

Straubing, Panzergrenadiere: So würde also die nächste Etappe meines Lebens lauten, wenn nicht doch noch das 30-Prozent-Sehstärke-Wunder geschah. Die Musterung hatte mich darin bestärkt, einen neuen Augenarzt aufzusuchen.

»Für was brauchen Sie dieses Attest?«, fragte er.

»Für meine Bewerbung bei der Polizei«, antwortete ich.

»Na, dann wollen wir mal.«

Es war wie bei der Musterung: auch diesen Sehtest bestand ich einwandfrei. Ich konnte es kaum glauben, als ich mit Brief und Siegel bestätigt bekam, dass meine Augen gut genug waren für den Polizeidienst. Warum nicht gleich so, fragte ich mich. Wie mir der Berater empfohlen hatte, schickte ich das neue Attest gleich los. Die Antwort ließ nicht lange auf sich warten – ich wurde zum Einstellungstest nach München eingeladen! Meine Hoffnung erhielt neue Nahrung. Diese Runde ging doch eindeutig an mich!

In München absolvierte ich den Einstellungstest als Bester und bestand die Sportprüfung mit Bravour. Nun konnte eigentlich nichts mehr schiefgehen. Leider wusste ich damals noch nicht, dass der Ausdruck »eigentlich« schon fast eine Verneinung ist, dass hinter jedem »eigentlich« ein »aber« steckt. Es sollte knüppeldick kommen. Ich wurde zum persönlichen Gespräch beim Polizeiarzt einbestellt.

Der zeigte sich sehr verwirrt. Vor ihm lagen jetzt zwei unterschiedliche Belege meiner Sehkraft: In einem sah ich die nicht ausreichenden zehn Prozent, im anderen die erforderlichen 30 Prozent.

»So geht das nicht«, ließ er mich wissen. »Gehen Sie in die Uni-Augenklinik nach München und lassen Sie ein drittes Attest erstellen.«

Ich kochte innerlich, aber zumindest hielt sich die schwarze Wolke zurück. Runde 3, okay, wenn ihr das wollt, dann gehe ich auch noch in die Uniklinik. Ich mach alles, um zur Polizei zu kommen.

In der Uniklinik in München machte ich wieder einmal den sattsam bekannten Sehtest und dazu einige weitere Dinge, die meiner Sehkraft auf die Spur kommen sollten. Das Ergebnis war niederschmetternd: zehn Prozent. Keinen Deut mehr. Meine Enttäuschung stand mir ins Gesicht geschrieben, als ich kurz darauf beim Polizeiarzt auftauchte. Ich wusste, dass es das dann wohl war. Er sah es ähnlich.

»Schade eigentlich«, begann er. »Einen wie Sie könnten wir gebrauchen. Einen, der richtig will. Was für eine vertrackte Situation.« Er legte seine Stirn in Falten. Dann sagte er: »Hm.«

Ich wartete ab. »Hm« kann viel bedeuten. Vor allem: Vielleicht sind wir doch noch nicht am Ende der Fahnenstange?

»Wenn Sie zu einer anderen Uniklinik gehen würden und wenn diese zu einem anderen Ergebnis käme?« Er machte eine Pause. »Diese Augenklinik dürfte auch gerne im Ausland sein.«

Dieses Mal sagte ich nicht, den Satz verstehe ich nicht. Ich verstand ihn sehr wohl. Der Mann reichte mir einen weiteren Strohhalm, und natürlich klammerte ich mich auch an diesen. Ich erhob mich, sagte artig »Dankeschön«, und wusste beim Hinausgehen schon, wohin ich mich wenden würde.

Runde 4 hieß: Auf ins Ausland.

Es war das zweite Mal, dass ich Deutschland verließ und ins Ausland reiste. Wieder ging es nach Österreich, dieses Mal aber nicht an den Mondsee, sondern Salzburg war mein Ziel. Und wenn mich auch die Untersuchung 400 Schillinge kosten sollte, was viel Geld bedeutete, war sie mir jeden Schilling wert. Ich machte abermals die bekannten Sehtests. Sie wurden nicht weniger sorgfältig vorgenommen, als ich es gewohnt war, trotzdem war das Ergebnis ein anderes: 30 Prozent Sehstärke – genug, um in den Dienst der Bayerischen Polizei zu treten. Wie auf Wolken schwebte ich nach Hause zurück. Mein erster Weg führte mich zum Einstellungsberater.

»Das sieht doch gut aus«, meinte er. »Das schicken wir jetzt ein. Allerdings muss das Attest noch unserem obersten Polizeiarzt vorgelegt werden.«

Schlug bei mir eine Alarmglocke? Bisher hatte ich geglaubt, dieser Arzt sei der Entscheider. Später, als ich die Hierarchien bei der Polizei intus hatte, sollte mir so eine Fehlannahme nicht mehr passieren. Es gibt immer noch einen Chef. Und was soll ich sagen? Dieser meinte: »Ein Attest aus Österreich? Warum kommt das nicht aus Deutschland? Haben wir hier keine Ärzte? Ach, es gibt eines? Na, dann zeigen Sie mal her. Was soll denn das? Es weist ja ganz andere Werte auf. Jetzt sagen Sie mir eins: Warum soll ich einem Attest aus dem Ausland mehr Glauben schenken als einem von uns?«

Das war eine Frage, auf die es keine Antwort gab. Ich hatte ohnehin nichts mehr zu sagen. In diesem Moment brach für mich alles zusammen. K.o. in der 4. Runde, und dieses Mal würde ich nicht wieder aufstehen.

Denkste! Ich stand wieder auf. Es gibt diesen Kern in mir, der einfach nicht zu knacken ist. Heute spricht man viel von Resilienz, der geheimnisvollen seelischen Widerstandsfähigkeit, der besonderen Kraft aus der Krise, über deren Wirkungsweise wir noch so wenig wissen. Doch es ist genau diese Energie, die mich am Ende aus der Depression rettete, und ich bin mir ganz sicher, dass sie sehr viel mit Mitgefühl und Selbstliebe zu tun hat. Auch da sind mir Pferde immer wunderbare Ratgeber: Für sie als ausgesprochene Fluchttiere war es am Ende ihre Selbstliebe – wir wollen den Selbsterhaltungstrieb mal beim richtigen Namen nennen –, die es ihnen möglich machte, die enormen Umwälzungen und alle damit verbundenen Gefahren von 60 Millionen Jahren Entwicklungsgeschichte zu überleben.

Mit der Kraft, die diesem Kern in mir entsprang, kam eine Idee: »Ich will zur Polizei. Doch die Polizei lässt mich nicht zur Polizei. Haben Sie möglicherweise Recht? Nein! Der Arzt hat es selbst es gesagt: Einen wie dich könnten wir gebrauchen.« Das waren Worte, die ich bisher im Leben noch nicht oft gehört hatte. Wer war der Chef dieser Menschen, die sich dagegen verschworen hatten, dass sich mein Berufswunsch erfüllte? Na klar, der Bayerische Staatsminister des Innern. Der hieß in diesen Jahren Gerold Tandler. Bei den Kumpels, die gerade den Wehrdienst verweiger-

Endlich geschafft: Manfred in seinem Traumberuf als Polizist

ten, war er nicht gut angesehen, denn er verfolgte eine harte Linie gegen die alternative Jugendkultur und dabei ganz besonders gegen die aufkommende Hausbesetzerszene. Während in ganz Deutschland mehr und mehr Häuser über Wochen, Monate und manchmal Jahre besetzt wurden, lautete in Bayern die Devise: Jedes besetzte Haus muss innerhalb von 24 Stunden geräumt sein. Dabei setzte Tandler auf die Polizei, und daher setzte ich auf ihn. Es war mittlerweile Zeit ins Land gegangen, und mein 19. Geburtstag stand vor der Tür. Ich holte die alte Schreibmaschine meines Vaters heraus und tippte mit zwei Fingern einen seitenlangen Brief. Darin schilderte ich minutiös mein Dilemma. Ich habe den Brief gerade vor mir liegen und bin ganz erstaunt darüber, wie eloquent und nicht ohne eine gewisse Schärfe ich mein Anliegen vorzutragen wusste.

»Ich bin ernsthaft am Polizeiberuf interessiert«, schrieb ich, »und würde mich freuen, wenn Sie sich dieser Sache annehmen. Sollte aber nichts unternommen werden, muss ich wirklich an der Glaubwürdigkeit der Polizeiärzte zweifeln …«

Das war deutlich. Trotzdem hegte ich nicht viel Hoffnung, dass Gerold Tandler, der dem Bayerischen Ministerpräsidenten Franz Josef Strauß nahestand, sich Zeit für einen jungen Mann aus dem hintersten Niederbayern nehmen würde. Ich hatte mich schon fast damit abgefunden, in Kürze die Wehrdienstzeit in Straubing zu beginnen, als ich wenige Tage vor meinem Geburtstag einen Brief bekam, an den ich nicht mehr geglaubt hatte. In akkuratem Beamtendeutsch war darin zu lesen, dass ich am 1. Oktober 1981 meinen Polizeidienst anzutreten hatte. Von irgendwelchen Interventionen des Ministers sollte ich nie etwas erfahren, aber ich kann mir die Sache vorstellen. Gerold Tandler las meinen Brief, schüttelte missbilligend den Kopf und gab einem Untergebenen die Anweisung, diese Sache in Ordnung zu bringen. Was bedeutete, diesen Manfred Weindl, der so unbedingt zur Polizei wollte, einzustellen. Vielleicht sagte er, »in Gott's Nam Dreißge, dann nämmts 'n hoid!«, denn genau das passierte. Die sechste Runde dieses Kampfes begann für mich als Polizeidienstanfänger bei der Kriminalpolizeiinspektion in der Passauer Nibelungenstraße. Sie sollte 25 Jahre dauern. Ihr Ende bestand dann tatsächlich in meinem Knock-out, doch bis ich K.o. ging, sollte ich viel lernen für meine spätere Pferdearbeit.

8

Rolltreppe abwärts

Diese 25 Jahre meines Lebens sind mit dem Titel des Bestsellers von Hans-Georg Noack treffend umschrieben. Ganz so, wie der mit dem Bundesverdienstkreuz und dem Großen Preis der Deutschen Akademie für Kinder- und Jugendliteratur ausgezeichnete Schriftsteller in seinem Jugendbuchklassiker den fortschreitenden Abwärtsstrudel seines Buchhelden erzählt, erging es auch mir. Im Polizeidienst verlor ich mein Mitgefühl und meine Selbstliebe. Ich stumpfte ab. Doch das war nicht leicht zu erkennen. Schließlich hatte ich doch meinen Traumberuf gefunden. Schließlich war ein Polizist genau das, was ich sein wollte: ein vertrauenswürdiger Mensch, dein Freund und Helfer in der Not. Dass ich durch meinen Beruf selbst in Not geriet, merkte ich lange nicht. Die Rolltreppe nach unten trägt einen von selbst, man registriert oft gar nicht, dass es abwärts geht.

Und dann stand wieder ein Geburtstag vor der Tür, mein 37ster. Es waren 18 Jahre vergangen, seit ich an Minister Gerold Tandler geschrieben und damit den Stein ins Rollen gebracht hatte. Mittlerweile war ich Schichtbeamter bei der Polizeiinspektion Passau, eingeteilt in die C-Schicht. Ich war erfahren, routiniert, beliebt bei den Kollegen – und ich war zum Trinker geworden. Die Rolltreppe hatte mich schon weit nach unten getragen, darüber war ich mir auch bewusst. Und nun hatte ich kürzlich ein bezauberndes weibliches Wesen kennengelernt, das auf den Namen Girly hörte. Das heißt, so richtig hörte sie noch nicht, denn sie war ein echter Wildfang. Bernd hatte seinem Herzen einen Stoß gegeben, er und Marlies wollten mir Girly anvertrauen. Das hieß, sie musste von der angestammten Weide herunter, damit ich sie in einen Stall in meiner Nähe bringen konnte. Nun stand ich vor einem Problem, an das ich im Vorfeld nicht gedacht hatte: Wie um alles in der Welt transportiere ich ein Pferd?

Heute gehört das Verladen eines Pferdes in den ungeliebten Hänger zu meinen Standard-, aber auch Lieblingsaufgaben. Damals wusste ich nicht einmal, dass es spezielle Transporter dafür gibt. Und wenn ich es gewusst hätte, was hätte ich davon gehabt? Keiner meiner Kollegen oder Freunde hatte etwas mit Pferden am Hut. Auf die Frage: »Könnt ihr mir vielleicht einen Pferdetransporter ausleihen?«, wäre mit Sicherheit die Antwort gekommen: »Geh weida, Manfred, oba a bissl spinna duast scho'?«, um es mit den Worten von Manni Kopfeck auszudrücken, der in meiner damaligen Lieblingsserie *Monaco Franze* mit ebenso seltsamen menschlichen Exemplaren zu tun hatte, wie ich wohl einer war.

Bernd versuchte mir zu helfen. »Ich selbst habe auch keinen Transporter«, sagte er. »Aber ein Bekannter, den ruf ich an. Das klappt schon.«

In dieser Zeit muss man sich mich selbst auch wie ein Pferd vorstellen. Und zwar eines dieser gestressten, gestörten, hypernervösen Pferde – eines von denen, die ich heute am liebsten heile. Beißlustig war ich, aber auch ständig auf der Flucht, sogar vor mir selbst, mit einer undefinierbaren Furcht vor meinem eigenen Schatten. Das machte mich ungeduldig, geradezu hibbelig, als könnte ich es nicht einmal mehr aushalten, wenn die Zeiger der Uhr im üblichen Zeitmaß voranrückten. Aus heutiger Sicht kann ich sagen, dass ich aus Angst vor der Gegenwart das Eintreten der Zukunft nicht erwarten konnte. So lässt sich kein normales Leben führen. Ich war nie ganz da, war immer schon wieder weg. Ein Glück, dass Marlies und Bernd unter meine dicke und vernarbte Haut blicken konnten. Da sahen sie den Manfred Weindl, der möglich ist. Den ich selbst aber erst wieder in mir entdecken musste.

Ein paar Tage später rief Bernd erneut an. »Hör mal«, sagte er. »Das mit dem Transporter klappt am Wochenende nicht. Mein Bekannter braucht ihn selbst. Wir müssen die Sache um ein paar Tage verschieben.«

Sein Ton klang neutral, weil er es so sah, wie es war: ein normaler Vorgang. Doch mir, der in dieser Zeit alles in völlig anderen Dimensionen wahrnahm – Dinge waren entweder riesig groß oder winzig klein, ganz schwarz oder ganz weiß –, nahm die Enttäuschung schier den Atem.

Verschieben? Unmöglich! Die Gedanken rollten wie ein Tsunami über mich hinweg. Das muss jetzt passieren! Anders geht es nicht! Lass dir etwas einfallen, Manfred, für was bist du Polizist? Wenn mich die letzten Dienstjahre als Schichtbeamter eines gelehrt hatten, dann die wahren Aufgaben des Polizisten: das Schlichten von Streitigkeiten aller Art. Und das Lösen von Problemen aller Art. Jetzt hatte ich selbst eines. Da die Depression noch nicht den resilienten Kern in mir hatte auflösen können, war ich noch immer zur Tat bereit. Ich hatte zwar keine Freunde mit einem Pferdetransporter, doch fiel mir ein Landwirt aus Salzweg ein, der einen Anhänger besaß. Hatte ich ihn nicht schon einmal gesehen, wie er darauf ein Pferd transportierte? Ich fuhr zu ihm, fragte, und er lachte mir ins Gesicht.

»Jaa mei«, sagte er. »Das war kein Pferd, das war ein Kalb. Für was anderes taugt der Transporter auch nicht.«

Geht nicht, gibt's nicht, schoss es mir durch den Kopf. Kalb, Pferd, was macht das für einen Unterschied? Ich ließ dem Bauern keine Ruhe, und am Ende zuckte er mit den Schultern. »Wenn du es probieren willst …«

Und ob ich wollte. Mit dem Kälberanhänger fuhr ich bei Bernd vor. Der schlug die Hände über dem Kopf zusammen.

»Was willst du denn damit?«, fragte er, obwohl er natürlich ahnte, was ich vorhatte. »Der Karren ist zu klein. Zu niedrig. Zu …« ihm fehlten die Worte. »Einfach zu alles!«

»A Hund is a scho« lautet eine bayerische Redewendung, wenn wir jemand beschreiben wollen, der als besonders trickreich gilt. Doch das, was ich vorhatte, fiel nicht in diese Kategorie. Für ein Pferd wirkt ein Transporter wie ein Gefängnis. Der Fluchtweg nach vorne ist verbaut, und auch hinten ist alles geschlossen. Dazu bringt dieses Gefährt das Tier weg aus der Sicherheit der Herde, und dann schaukelt und wackelt es auch noch, dass ihm angst und bange wird. Genauso fühlte ich mich in dieser Zeit – wie in einem Pferdeanhänger, dem Synonym fürs Eingesperrtsein. So gesehen kann ich mein Verhalten an diesem Tag nur als Flucht nach vorne begreifen. Wie Omar, der einen Zaun glatt niederrannte, wollte ich aus meinem Gefängnis ausbrechen. Daher ließ ich nicht locker. Irgendwann schüttelte Bernd den Kopf, wie es auch der Landwirt getan hatte.

»Dann probieren wir es halt«, sagte er. Und dachte vielleicht, das kann ja heiter werden. Hätte ich diesem Kerl nur nicht meine Girly gegeben. Wahrscheinlich setzte er darauf, dass sie den Transporter ohnehin niemals betreten würde. Und zu dieser Zeit gab es ja weit und breit noch keinen Pferdeflüsterer … Dann würde Girly eben auf der Weide bleiben, bis ein paar Tage später ein ordentlicher Transporter bereitstünde.

Doch Girly hatte anderes im Sinn. Als ob sie gespürt hätte, dass unsere Symbiose schon im Begriff war zu entstehen (dieses blinde

Manfred und Girly – rasch bildete sich eine Symbiose zwischen den beiden

Verständnis, welches uns heute verbindet), schritt sie mutig auf den zu kleinen Transporter zu und … betrat ihn ohne zu zögern! Für mich blutigen Anfänger war das nichts Besonderes – oh, ich musste noch viel lernen! –, doch Bernd kam aus dem Staunen nicht mehr heraus. Er strich sich über die Haare.

»Das hätte ich jetzt nicht gedacht«, sagte er mit bedächtiger Stimme. Dann schloss er die Klappe hinter ihr und gab mir die Anweisung: »Du fährst langsam und vorsichtig, hörst du?«

Das war eine Selbstverständlichkeit. Jetzt, da Girly verladen war, spürte ich auf einmal eine innere Ruhe. Wie seltsam sich das anfühlte, aber auch wie gut! Ich setzte mich ans Steuer und versuchte, jedem Schlagloch und jeder Unebenheit auszuweichen. Dort hinten steht dein Pferd im Dunkeln, dachte ich. Es hat keine Ahnung, wo es hingeht, aber es vertraut dir. Enttäusch es nicht!

Was für ein wichtiger Gedanke das war! Heute trage ich ihn gerne an alle Pferdehalter heran, die mich anrufen, um mir ihre Probleme zu schildern. Es geht wie so oft um die Erwartungshaltung. Das Pferd hat sich dir anvertraut. Du bist der Boss. Bitte enttäusch es nicht.

Dabei war ich zu diesem Zeitpunkt selbst weit davon entfernt, anderen Menschen zu vertrauen. Die Arbeit bei der Polizei hatte mich dazu gebracht, eine Mauer des Misstrauens um mich zu errichten. Für niemanden gab es einen Zugang zu meinem Inneren, meine Familie eingeschlossen. Ich hatte jegliches Vertrauen in die Menschen verloren und existierte wie eine Perle in einer fest verschlossenen Muschel. Wenn man so lebt, glaubt man daran, dass auch die Mitmenschen verschlossene Muscheln sind. Doch jetzt hatte ein Wesen einfach so Vertrauen gezeigt – und das, obwohl ich nicht wie ein guter Boss agiert hatte, sondern voller Ungeduld mit dem falschen Anhänger aufgekreuzt war. Als ich während der ersten Fahrt darüber nachdachte, traten mir Tränen in die Augen. Schon jetzt hatte es Girly geschafft, einen ersten feinen Riss in meine Muschelhaut zu machen. Sie schien daran zu glauben, dass sich diese eines Tages öffnen und eine schöne Perle zum Vorschein kommen würde.

Mein Bewusstsein glaubte zu diesem Zeitpunkt nicht an Heilung oder Rettung, aber offensichtlich scherte sich mein Instinkt keineswegs um mein eigenes krasses Urteil. Er hatte mich zu Girly geführt, und ich schöpfte auf einmal Hoffnung. Auch wenn es noch viele Jahre dauern sollte, bis ich wieder ein normales Leben führen konnte, steht der 37. Geburtstag als Tag meiner Wiedergeburt dick in meinem geistigen Kalender.

9

Wenn du durch eine harte Zeit gehst und alles gegen dich zu sein scheint, wenn du das Gefühl hast, es nicht mehr eine Minute länger zu ertragen, gib nie auf, weil dies die Zeit und der Ort ist, wo sich die Richtung ändert.

Rumi

Wenn ich heutzutage mal nicht bei meinen Pferden bin – damit meine ich neben Girly Pferde, die ich heilen darf –, gehe ich gern zu Freunden auf andere Höfe und schaue mir dort die Pferde an. Ja, man darf mich ruhig einen Pferdeverrückten nennen … Gerade auf Höfen, wo keiner mich kennt und niemand extra umsichtig agiert, weil der Pferdeflüsterer zugegen ist, sehe ich mitunter die seltsamsten Dinge. Ganz frisch in meinem Gedächtnis ist ein Vorfall, der sich letzte Woche zugetragen hat. Ich beobachtete eine Frau, die ständig »Karotte« rief. Darauf konnte ich mir zunächst keinen Reim machen, bis mir klar wurde, dass sie ihr Pferd meinte, eine hübsche Deutsche Reitpony-Stute, die ich auf ca. acht Jahre schätzte.

Interessant, dachte ich. Sie hat ihr Pferd nach einer Belohnung getauft. Die Frau hatte eine Tasche am Gürtel befestigt, in der die namensgebende Leckerei steckte. Irgendwann kam Karotte dann auch angetrottet und bekam sofort etwas aus der Tasche. Sie wurde gesattelt und bekam dafür gleich nochmal etwas. Dann stieg die Frau auf.

»Jetzt bin ich aber gespannt«, sagte ich.

»Ich nicht.« Das war mein Freund auf dem Hof, der sich inzwischen zu mir gesellt hatte. Zusammen lehnten wir am Gatter und schauten zu, wie es der Frau nicht gelang, Karotte dazu zu bringen, vom Hof zu reiten. Schnell fuhr die Hand wieder in die Tasche und zog routiniert eine Leckerei heraus. Erst damit setzte Karotte sich in Bewegung.

»Hat dich wohl nicht überrascht«, wandte ich mich an meinen Freund.

»Das geht immer so«, war die Antwort. Er lachte leise. »Und weißt du was? Bettina hat sich von Benedikt zum Geburtstag eine größere Tasche gewünscht. Weil es passieren kann, dass sie draußen im Gelände steht und sich das Pferd einfach nicht mehr bewegen will. Wenn die Belohnungstasche nämlich leer ist. Ich weiß nicht, wie du das siehst, aber ich sage: klarer Fall für den Pferdeflüsterer.«

Ich legte in einer beschwichtigenden Geste einen Finger an die Lippen. Psst, heißt das, denn ich werde nur aktiv, wenn ich gefragt werde – ungewünschte Ratschläge gibt es von mir nicht, die sind ohnehin in den Wind gesprochen.

Doch war ich neugierig und erfuhr daher, dass das, was wir gesehen hatten, kein Einzelfall gewesen war. Bettina, die Besitzerin, konnte ihre Karotte tatsächlich nur in Aktion bringen, wenn sie sie mit einer Leckerei belohnte.

Das heißt, Belohnung kann man das eigentlich nicht nennen, schließlich hatte das Pferd ja noch gar nichts geleistet. Dazu müsste es verstehen, für welche Handlung in der Zukunft es diese Zuwendung bekommen hat – ein ziemlich komplexer Denkvorgang, den Pferde nicht erbringen können. Anders als wir Menschen leben sie immer in der Gegenwart, im Hier und Jetzt. Mein Freund grinste mich an, als wir darüber sprachen.

»Stell dir vor, du gibst deinem Jungen zehn Euro, wenn du nachher nach Hause kommst, damit er nächsten Freitag keine Sechs in Mathe schreibt«, meinte er. »Was wird er nach ein paar Jahren tun, wenn ein Test ansteht und er vorher nichts kriegt?«

»Gott sei Dank ist das nicht mein Problem«, lachte ich. »Meine Jungs sind aus dem Gröbsten raus.«

»Was tun sie eigentlich?«

Ich gebe zu, dass ich davon immer mit Stolz in der Stimme erzähle. Andi, der Älteste, ist Gymnasiallehrer geworden, und macht das mit Leib und Seele. Christian ist als Kabarettist und Drehbuchautor erfolgreich. Und Alexander, unser Nesthäkchen, das auch schon langes keines mehr ist, studiert Soziale Arbeit und ist auch noch Musiker. Er tritt immer mal wieder als Barde bei Ritteressen auf, um sich etwas dazuzuverdienen.

Mein Freund pfiff durch die Zähne, als er das hörte. »Nicht schlecht. Und alles ohne Karottenbestechung.« Wir lachten. Er kennt mich und weiß, dass es auch anders hätte kommen können. In einer Zeit, wo die Jungs ihren Vater gut hätten gebrauchen können, kämpfte ich mit der Depression, meiner Alkoholerkrankung und vor allem mit mir selbst. Hätten meine Söhne nicht auch eine gute Portion Resilienz abbekommen, wären die Dinge vielleicht schiefgelaufen.

Während wir dastanden und über unsere Familien plauderten, kehrten Bettina und Karotte zurück. Kaum war Bettina abgestiegen, lief ein Mann auf die beiden zu. Mein Freund stieß mich mit dem Ellbogen an.

»Jetzt pass auf, da kommt Benedikt. Ich sag dir, das hat Schauwert.«

Bettinas Mann zog im Gehen eine Karotte aus der Tasche. Dann reckte er den Arm weit nach vorne, damit das Pferd die Leckerei erreichen konnte, ohne dass er ihm zu nahe kam.

»Das macht er immer«, kommentierte mein Freund das seltsame Gebaren. »Ich habe ihn gefragt, warum. Und jetzt halt dich fest. Die Antwort war: ›Das ist zur Belohnung.‹ Ich fragte, für was denn, und Benedikt antwortete: ›Weil es mich nicht gebissen hat.‹«

»Wow«, sagte ich. »Das ist krass.« Ich dachte ein wenig darüber nach, dann fragte ich: »Also, was glaubst du? Was steckt dahinter.«

Mein Freund zuckte mit den Schultern. Offenbar gehörten Bettina und Benedikt nicht zu seinen Freunden. »Egoismus?«, schlug er vor.

»Das ist nicht der Hauptgrund. Na komm. Streng dich ein wenig an.«

»Ich weiß es nicht. Ehrlich, daraus werde ich nicht schlau.«

»Es hat, so widersinnig es klingen mag, mit Liebe zu tun.« Das sagte ich im Brustton der Überzeugung, aber so richtig wollte mir mein Freund nicht glauben.

»Jetzt übertreibst du's, Manfred.«

»Tu ich nicht. Ich erzähl dir was. Neulich war ich auf dem Vogt-Hof, du kennst ihn. Da war Claire, die kennst du auch. Sie hat ebenfalls eine Karotten-Manie. Und vor allem hat sie keine Lust, ihren Rino selbst von der Schmutzkoppel zu holen.«

»Lass mich raten – weil man schmutzig werden kann?«

»Bingo. Was macht sie also? Rino soll auf Zuruf antraben. Dafür hat sie eine Karotte als Bestechungsmittel mit dabei. Sie ruft Rino einmal, sie ruft Rino zweimal, sie ruft ihn dreimal. Ohne Erfolg. Also geht sie ihm doch entgegen und streckt ihm die Karotte hin. Der kennt das. Für eine Karotte bewegt er sich nicht mehr. Da nimmt sie die Karotte in den Mund, beißt ein Stück ab, kaut, macht dabei schmatzende Geräusche und ruft: ›Mmmmm, Rino, die ist echt lecker!‹«

Mein Freund prustete los.

»Und?«, fragte ich. »Was glaubst du, passiert?«

»Das ist nicht schwer. Nichts und wieder nichts.«

Genauso war es. Pferde haben ihren Futtertrog nämlich immer vor den Hufen. Sie brauchen nur den Kopf zu senken und loszufressen. Deshalb hat bei ihnen eine Futterbelohnung lange nicht so einen hohen Stellenwert wie bei anderen Tieren. Bei Raubtieren, wie zum Beispiel den Greifvögeln, ist das anders. Ich habe lange Jahre Greifvögel gehalten und dabei gelernt, wie man ein Lockmittel, das bei Erfolg als Belohnung dienen kann, bei ihnen einsetzt. Auch bei Hunden funktioniert das. Kommt ein Pferd nicht, wenn man ihm eine Karotte entgegenstreckt, sondern wartet es, bis »sein« Mensch ihm die Belohnung bringt, hat es den Spieß einfach umgedreht. Es ist der klassische Fall von »Pferd dressiert Mensch«. Der Pferdebesitzer wird zum manipulierbaren Futterautomaten. Nichts anderes war aus Bettina und Benedikt geworden.

»Und da kommst du und sagst, es sei Liebe?«, zog mich mein Freund auf. »Ich bleibe bei Egoismus. Und wenn dir das Wort missfällt, dann eben Ignoranz.«

Da war ich ganz bei ihm. Es steckt Ignoranz in diesem Verhalten. Aber große Liebe kann genau dazu führen. Denn viele Menschen glauben, dass ihr Pferd sie mehr liebt, wenn sie es verwöhnen. Sie übersehen dabei, dass ein Pferd viel mehr Wert auf Sicherheit legt und diese Sicherheit niemals gegen ein Leckerli eintauschen würde. Aus falsch verstandener Liebe sorgen sie auf diese Weise dafür, dass ihr Pferd unter ständigem Stress leben muss, da es sich bei seinem Menschen ja nicht sicher fühlen kann und nun diese Aufgabe selbst übernehmen muss. Dabei sucht ein Pferd immer einen Menschen, an dem es sich orientieren kann. Eine Leitfigur, wenn man so will. Doch in ihrer Ignoranz, nicht sehen zu wollen, was ihr Pferd wirklich braucht, bringen manche Besitzer ihr Tier in einen dauerhaften Zwiespalt. Dadurch kann selbst eine große Liebe – zu einem Menschen, zu einem Tier, aber auch zu dem, was wir täglich tun – einen fatalen Beigeschmack bekommen. Darüber weiß ich mehr, als ich eigentlich wissen will.

»Ich hoffe, mein Junge, du hast einen guten Magen.«

Ich sah den Kollegen verwundert an. Vor wenigen Minuten war ich in der Dienststelle eingetroffen, ein glücklicher, motivierter und auch ein ziemlich aufgeregter Dienstanfänger. Welchen Weg hatte ich zurückgelegt, um endlich loslegen zu können mit der Polizeiarbeit! Nun war ich einer von ihnen, einer der Guten, einer von denen, die dafür sorgten, dass unbescholtene Bürger ohne Angst ihrem Leben nachgehen konnten. Ich hatte heute Morgen mit Schmetterlingen im Bauch die Fahrt von Salzweg nach Passau hinter mich gebracht. Diese Strecke, die ich so gut kannte und die mir heute trotzdem wie neu erschienen war. Als sei die Straße extra für mich frisch geteert worden, so reibungslos waren wir dahingeschnurrt. Auch die Sonne ging strahlender auf als sonst. Himmel Herrgott, ich war sowas von bereit für mein neues Leben!

»Echt, einen guten Magen, den brauchst du jetzt«, wiederholte der Kollege. In einer kurzen Runde waren wir uns vorgestellt worden, und jetzt sollte es zum ersten Einsatz gehen. Mit der heimischen Polizei mitfahren, was kann es Besseres geben? Klar war ich der Erste unten am Dienstfahrzeug.

Die Fahrt führte uns am Fluss entlang nach Passau-Heining. Hier war ich schon unzählige Male gewesen, aber heute erschien es mir, als ob ich die Straße zum ersten Mal befuhr. Konnte mich auch jeder sehen da draußen? Nun ja, eine kleine Enttäuschung hatte sich eingemogelt. Ich war bei der Kriminalpolizei gelandet, und die Kripo trägt keine Uniform. Wir waren in Zivilkleidung und in einem zivilen Auto unterwegs. Dabei hatte ich mir so sehr gewünscht, im Streifenfahrzeug zu fahren. Damit jeder erkennen konnte, da kommt der Manfred, der ist auch auf dieser Welt, der ist sogar etwas ganz Besonderes … ach was, weg mit den Gedanken! Es ging zum ersten Einsatz, und in meiner Aufregung nahm ich gar nicht so richtig wahr, dass einer der Kollegen das Wort Suizid fallen ließ.

»Ist jetzt schon der zweite in diesem Monat«, brummte er unwirsch. »Dabei hat er gerade erst angefangen.«

Auf der Höhe vom Kraftwerk Kachlet bogen wir links ab, um zur Haltestelle zu gelangen. Dort wurden wir von einer uniformierten Streifenbesatzung erwartet.

»Das ist vielleicht 'ne Sauerei«, sagte einer der Kollegen.

Plötzlich ahnte ich, was mich erwartete. Suizid, Lokomotive, Gleise, guter Magen – die Puzzleteile setzten sich zusammen. Ich würde die erste Leiche in meinem Leben zu Gesicht bekommen, und es würde kein schöner Anblick sein. Auf einmal spürte ich die Hand des Kollegen auf der Schulter.

»Wenn du kotzen musst, kein Problem«, sagte er. »Viele haben gekotzt beim ersten Mal.«

Hatte ich gerade so etwas wie Furcht gespürt, wurde diese jetzt zur ausgewachsenen Angst. Doch auf keinen Fall würde ich mir das anmerken lassen. Ihr habt gekotzt? Na, dann lernt jetzt mal den Manfred kennen. Der kotzt nicht, egal, was ihn da am Bahndamm erwartet. Ich biss die Zähne zusammen und trat entschlossen näher. Der Kollege neben mir hielt Schritt.

»Das Dumme ist, dass wir sie einsammeln müssen«, sagte er. »Das, was von ihnen übrig geblieben ist.«

Später verstand ich, dass jeder der Kollegen seine eigene Art hat, mit den schwierigen Umständen dieses Berufes umzugehen. Die einen taten so, als ob ihnen das alles nichts ausmacht – zu denen gehörte auch ich –, die anderen zogen sich in ihr Schneckenhaus zurück. Viele wurden zynisch und versuchten sich an schlechten Witzen, um sich irgendwie vor solch schrecklichen Momenten zu schützen. Zwar war keine dieser Methoden wirklich erfolgreich, aber andere hatten wir nicht zur Verfügung. Zu dieser Zeit gab es noch keinen psychologischen Dienst, der Polizisten heute hilft, ihren harten Job über die Jahre hinweg einigermaßen durchzustehen.

Ich zwang mich hinzusehen. Der Mann hatte sich auf die Gleise gelegt, und die Lokomotive war in nicht allzu schnellem Tempo über ihn drübergefahren. Das Ganze war während der Morgendämmerung geschehen, der Lokführer hatte keine Chance gehabt, den Mann rechtzeitig zu sehen. Was hatte den Selbstmörder dazu gebracht, um halb sechs in der Früh sein Leben zu beenden? Gab es eine Frau zuhause, gab es Kinder, die auf ihn warteten? Hatte er seine Arbeit verloren oder Schulden? Dutzende Fragen strömten auf mich ein, wie es auch später immer wieder der Fall sein sollte. Bei all den Selbstmorden und anderen Toten, um die ich mich im Laufe der Jahre zu kümmern hatte – ich habe sie nicht gezählt, aber es müssen einige Dutzend gewesen sein –, hat mich der vermeintliche Grund nie kaltgelassen. Dadurch ließ ich das Schicksal eines Selbstmörders, eines Unfallopfers, das Opfer eines Verbrechens oder Familiendramas an mich heran und häufig in mich hinein. Dort blieb es dann, wo es eigentlich nichts zu suchen hatte. Eine wichtige Aufgabe der psychologischen Betreuung im Dienst besteht darin zu verhindern, dass so etwas passiert. Und sollte es doch einmal geschehen, rasch dafür zu sorgen, dass man das fremde Schicksal wieder loswird. Ich wurde sie nie los, diese Schicksale. Auch nicht die Bilder, die mich erwarteten. An diesem Morgen erlitt ich einen Schock, aber ich tat, als sei nichts geschehen. Ich war immer in der Lage, meinen Körper unter Kontrolle zu halten, selbst in den schlimmsten Momenten. Dabei hatte ich noch nie einen Menschen gesehen, dessen sämtliche Gliedmaße abgetrennt waren. Ich hatte nie einen Kopf gesehen, der einfach auf dem Boden liegt.

»Räum das weg«, sagte der Kollege und deutete darauf. »Da vorne in den Sarg. Und vergiss die Handschuhe nicht.«

»Das« hatte er gesagt. Und den abgetrennten Kopf gemeint. Wie ein Roboter schritt ich darauf zu. Ich zog Handschuhe über und bückte mich. Dann hielt ich inne. Wie hält man einen Kopf? Darauf war ich nicht vorbereitet. Vielleicht kann man auf so einen Moment gar nicht vorbereitet sein, dachte ich mir. Oder lerne ich das im Unterricht, wenn meine Ausbildung richtig beginnt? Soll ich den Kollegen fragen? Soll ich die Augen schließen?

Das hätte ich gerne getan. Aber es war ganz und gar unmöglich, vielleicht, weil die Augen des Toten mich anblickten. Sie waren weit geöffnet, als habe ihn in den letzten Sekunden seines Lebens die Panik überrollt. Im wahrsten Sinne des Wortes hat sie dich überrollt, dachte ich. Wolltest du aufspringen und weglaufen? War es einfach zu spät?

Ich merkte, wie ich tief in Gedanken versunken mit dem Toten ein Gespräch führte. Ich merkte, dass ich ihn mit »Du« ansprach, als weise im Tod das Wort »Sie« zu viel Distanz auf. Ich merkte, wie ich ihn trösten wollte. Ich merkte nicht, dass ich den Kopf längst in der Hand hielt.

Ich blickte mich um. Beim Notarzt stand ein einfacher Zinksarg. Dort ging ich hin. Ich legte den Kopf hinein. Andere Körperteile waren bereits darin. Mir drehte es den Magen um, und ich spürte den Brechreiz. Aber ich kotzte nicht, denn das ließ mein Selbstbildnis vom harten Hund einfach nicht zu. Später, während meiner Trinkexzesse, als ich bereits jegliche Selbstachtung verloren hatte, passierte es mir ab und zu, dass ich mich übergeben musste. Aber nicht hier, nicht jetzt, nicht, solange ich Herr meiner Sinne war.

Jahre später werde ich der Kollege sein, der den Frischling auf den ersten Suizid vorzubereiten hat. Auch ich werde diesen Satz verwenden: »Wenn du kotzen musst, kein Problem. Das ist schon vielen so ergangen.« Ich werde »wenn du dich übergeben musst« dazu sagen, aber das ändert nichts an der Tatsache: Wir können einen Menschen niemals auf etwas vorbereiten, auf das es keine Vorbereitung gibt.

Den Rest des Tages verbrachte ich in einem seltsamen Zustand. Keiner der Kollegen merkte, dass ich nur halb anwesend war. Die andere Hälfte war … ja, wo eigentlich? Heute glaube ich, sie war damit beschäftigt, dafür zu sorgen, dass ich mich nicht ständig selbst sah. Dort, am Bahngleis, als junger Bursche, noch grün hinter den Ohren, mit einem Kopf in den Händen. Zwei Stunden zuvor hatte dieser Bursche sein Frühstück hinabgeschlungen, weil er es kaum noch erwarten konnte, dass es endlich losging. Dann ging es los, und kurz darauf wollte sich ihm aufgrund des grausigen Anblicks der Magen umdrehen. Auch beschäftigten mich Fragen wie die, was das Suizidopfer wohl tat, während ich dieses Frühstück zu mir nahm. Ich sah die strahlend aufgehende Sonne, doch was hat er gesehen? Etwa die Dunkelheit, die schwarze Wolke, die auch ich bereits kennengelernt hatte? Was trieb ihn raus aus der Wohnung, die Siemensstraße entlang bis zu diesem entlegenen Teil der Bahnstrecke? Ich war mir damals sicher, er hatte Zweifel an seinem Tun. Er irrte weiter, bis zu einem Punkt, wo in seinem Inneren etwas zerbrach. Da legte er sich auf die Gleise und erwartete die Lokomotive und den Tod. Jahre später werde ich mit diesem Punkt des Lebens sehr vertraut werden, an dem unsere innere Abwehr zerbricht und wir aufgeben. Der Polizeidienst wird mich näher und näher an ihn heranführen. Um zu vermeiden, dass auch ich eines Tages den Kopf auf die Gleise legen würde, baute ich als Abwehr eine Mauer um mich herum auf. Die war stark, wie aus druckfestem Beton, versetzt mit zugfestem Bewehrungsstahl. Egal, in welche Richtung es mich rüttelte und schüttelte, ob ich Druck oder Zug oder beidem gleichzeitig ausgesetzt war, meine Deckung hielt. Dachte ich wenigstens. Selbst als sie kleine Risse bekam, diese immer größer wurden und ganze Teile aus der Mauer fielen, war ich mir sicher: Das Ding kann nie umfallen. Wie wir uns doch täuschen können. In der Geschichte der Menschheit sind schon viele Mauern umgefallen, äußerliche wie innerliche.

In dieser ersten Arbeitswoche erlebte ich viel von dem, was den Polizeidienst ausmacht. Zum Glück nahmen mich die Kollegen nicht auch noch mit zu der Frau des Selbstmörders. Die fiel aus allen Wolken, erzählten sie. Sie wird es nicht leicht gehabt haben. Mit drei Kindern und einem Haus, das noch nicht abbezahlt war.

Für manche der Kollegen waren Menschen, die den Freitod suchten, nichts anderes als Feiglinge, die sich durch die Hintertür aus dem Staub machten. In gewissem Sinne hatten sie es einfacher als wir, die wir uns immer Gedanken um Gründe und Motive machten. Ich habe mich später oft freiwillig dazu bereit erklärt, den Hinterbliebenen die schreckliche Nachricht zu überbringen. Manchmal war mir, als hätte mich der Selbstmörder oder das Unfallopfer persönlich darum gebeten. Ich bemühte mich, es den Betroffenen so schonend wie möglich nahezubringen. Doch in Wirklichkeit kann das selbst ein bestens geschulter Psychologe nicht. Und wir waren darin gar nicht geschult. Ich probierte so viel Menschlichkeit in meine Worte fließen zu lassen wie irgend möglich. Schon damals begab ich mich auf den Pfad, der zwanzig Jahre später, als meine Mauer in sich zusammenfiel, von meiner Therapeutin Dr. Cornelia Rieger in einem treffenden Satz zusammengefasst wurde:

»Herr Weindl«, sagte sie. »Sie füttern die Seelen der anderen, Ihre eigene lassen Sie verhungern.«

Besser kann man es nicht ausdrücken. Schon in meiner ersten Dienstwoche begann ich, meine Seele verhungern zu lassen.

»Toter am Morgen vertreibt Kummer und Sorgen«, hatte einer der uniformierten Beamten am Einsatzort gesagt und dabei gelacht. Was wie Pietätlosigkeit klingt, war nichts anderes als sein Schutzmechanismus, um mit belastenden Einsätzen umgehen zu können. Das konnte ich von Tag zu Tag, Woche zu Woche, Monat zu Monat und Jahr zu Jahr immer besser verstehen. Als ich beispielsweise nach sechseinhalb Jahren auswärtiger Polizeiarbeit wieder nach Passau zurückkehrte, um in der C-Schicht der hiesigen Polizeiinspektion meinen Dienst zu verrichten, wurde ich immer mehr mit Gewalt konfrontiert. Ich selbst weiß gar nicht mehr, wie viele gebrochene Rippen und Prellungen ich davongetragen habe, so oft, wie wir ausrückten, weil es zum Beispiel auf dem Exerzierplatz neben der Nibelungenhalle zu einer Schlägerei gekommen war.

»Knüppel und Messer kamen zum Einsatz«, meldeten die Kollegen bei einem Einsatz und riefen nach Verstärkung. Einer der Beteiligten hatte einen Messerstich in den Bauch bekommen, ein anderer hatte durch einen Schlag gegen den Kopf ein Schädel-Hirn-Trauma erlitten und schwebte in Lebensgefahr. Als wir eintrafen, war die Atmosphäre aufgeladen wie bei einem Gewitter. Die verfeindeten Gruppen warteten nur darauf, erneut aufeinander loszugehen.

Das gibt's doch nicht, dachte ich. Wie oft war ich an diesem Platz gewesen, und er war mir immer friedlich erschienen. Dort drüben stand die große Uhr, der Treffpunkt der Liebespaare. Es war noch gar nicht lange her, da hatte ich mit meiner Freundin selbst dort gestanden. Nun sah der Ort fremd und unwirtlich aus, als befände er sich in einer mir unbekannten Stadt. In einem anderen Land. Auf einem anderen Planeten. Auch das hat mich die Polizeiarbeit gelehrt: Es gibt Parallelwelten, die der unbescholtene Bürger nicht kennt. Die Liebespaare, die sich an der großen Uhr treffen, um gemeinsam ins Kino zu gehen, suchen den Exerzierplatz nicht morgens um fünf Uhr auf, wenn sich die aggressiven Jäger der Nacht, betrunken und unter Drogeneinfluss, dort versammeln. Passau ist eigentlich ein friedlicher Ort, das werden Abertausende Touristen bestätigen. Der Kern der Sache liegt im Wörtchen »eigentlich«. Zur Polizeiarbeit gehört es, die Parallelwelten voneinander getrennt zu halten, um die Menschen in Sicherheit zu wiegen. Daher würden auch an diesem Tag die Pendler, die zwei Stunden später vom Bahnhof über den Exerzierplatz Richtung Innenstadt zur ihren Arbeitsplätzen gingen, keine Spuren mehr von der Massenschlägerei vorfinden. Bis dahin würden wir ganze Arbeit geleistet haben. Wie die Heinzelmännchen sorgten wir Polizisten dafür, dass möglichst alles ins Reine kommt.

Möglichst. Auch so ein Einschränkungswort. Polizeiarbeit gerät dann in die Kritik, wenn es nicht gelingt, die Parallelwelten getrennt zu halten. Wenn der Einsatz der Polizei die Bürger beängstigt statt besänftigt. Wenn sie nicht mehr als Retter in der Not gesehen werden, sondern als Handlanger eines verhassten Staatssystems. Das würde ich erleben, als Mitte der 80er Jahre die Bürgerproteste gegen die Wiederaufarbeitungsanlage Wackersdorf aus dem Ruder liefen und das Verhältnis zwischen Polizei und Gesellschaft auf lange Jahre hin ramponiert wurde. Doch bis es zur berüchtigten »Pfingst-Schlacht« im Mai 1986 kommen sollte, mit 600 Schwerverletzten auf dem Wackersdorfer Schlachtfeld, ging noch viel Wasser die Donau hinab.

»Einsatz in der Leonhard-Paminger-Straße!«, rief ein Kollege. »Nachbarn haben beunruhigende Geräusche gehört. Seht mal nach, was los ist.«

Die Leonhard-Paminger-Straße führt vom Klinikum hoch auf den Berg. Die rechte Seite ist bebaut, und linker Hand wird sie von einem hübschen Park gesäumt. Je weiter sie sich dabei vom Tal des Inn entfernt, umso prächtiger werden die Häuser. Eine gute Gegend. An einem solchen Ort haben beunruhigende Geräusche in der Regel keinen ernsten Anlass. Warum also nicht den Frischling mitnehmen? Der Kollege und ich nahmen die Strecke an der Innstraße entlang, fuhren an der Universität vorbei und bogen dann rechts ab. Von dort windet sich die Leonhard-Paminger-Straße in weiten Bögen den Berg hinauf.

»Welche Hausnummer?«, fragte der Kollege.

Ich nannte sie ihm. Vor dem Haus gab es Parkplätze. Wir hielten und stiegen aus. Alles war ruhig. Keine Spur von beunruhigenden Vorfällen. Sicher war es nur ein Fehlalarm.

»Vielleicht hat ein Dachs aus dem Park drüben in den Mülltonnen rumort«, meinte der Kollege.

Wir klingelten an der Tür. Im Haus war es mucksmäuschenstill. Nichts rührte sich. Wir klingelten nochmals.

»Keiner daheim«, sagte der Kollege.

Dann hörten wir den Schrei. Es war eine Frau, und sie schrie lang und schrill. Dann fing ein Kind an zu heulen.

»Scheiße«, sagte der Kollege. Im selben Augenblick wurde die Tür aufgerissen. Ein Mann erschien. Er hatte einen Anzug an und eine Krawatte umgebunden, das war das Erste, was ich wahrnahm. Das Zweite war das Messer in seiner Hand. Er starrte uns an, in seinem Blick war nichts Menschliches mehr erkennbar, seine Gesichtszüge waren zu einer Fratze verzerrt. Er machte Stichbewegungen in unsere Richtung, um uns zu signalisieren »Ich meine es ernst!«.

Das alles nahm ich in erschreckender Schärfe wahr, so wie ich es später auch bei den Pferden erlebte.

»Pferde«, schreibt der berühmte kalifornische Pferdetrainer Monty Roberts, »entwickelten als Fluchttiere ein Sehvermögen, das es ihnen ermöglicht, Gefahren sehr schnell zu erkennen, um ihr Überleben zu sichern. Das Sehvermögen des Pferdes ist daher auf Bewegungen spezialisiert.«

Wie gern wäre man in diesen Situationen ein Pferd. Oder vielleicht auch eine Stubenfliege. Bei uns Menschen verschmelzen mehr als 18 Bilder pro Sekunde zu einem Bewegungsablauf – das nutzen wir im Film, wo 25 Bilder pro Sekunde zu einem völlig wackelfreien Kinoerlebnis führen, während die Stubenfliege noch 250 Bilder in der Sekunde sauber voneinander getrennt sehen kann. Dieser Zeitlupenblick sorgt für ihre enorme Reaktionsschnelligkeit.

Die wäre für einen Polizeibeamten auch von Vorteil, aber wir mussten mit dem auskommen, was uns die Natur mitgab. Es gelang uns, den Mann zu überwältigen, ihm das Messer abzunehmen.

Girlys Zuhause: Manfred und Girly vor dem Pferdehof, auf dem sie wohnt

Später am Tag setzte sich das Puzzle zusammen. Der Mann hatte seine Frau zusammengeschlagen und gedroht, das gemeinsame Kind zu töten. Warum? Wir wussten es nicht und haben es auch nie erfahren. Es war einfach mal wieder gut gegangen. Doch was wäre gewesen, wenn es anders gekommen wäre? Hätte ich auf einen Menschen schießen müssen? Wären womöglich der Kollege oder ich bei dem Einsatz uns Leben gekommen? Vielleicht war das der Grund, weshalb mich der Dienstgruppenleiter anschließend ins Gebet nahm.

»Regel Nummer eins«, sagte er mit ernster Miene. »Glaube niemals – die Betonung liegt auf niemals –, dass irgendein Einsatz Larifari ist. Glaube niemals, nur weil einer eine Krawatte trägt, dass er nicht zum Äußersten bereit ist. Glaube niemals, weil die Gegend nach Geld stinkt, dass hier nicht auch Tod und Verderben lauern. Am besten …«, und damit beendet er das »Wort zum Sonntag«, wie er seine Ansprachen mit einem Anflug von Selbstironie gerne nannte, »glaubst du an nichts und niemanden. So überleben wir.«

Da wusste ich noch nicht, dass einem meiner Streifenpartner später in den Kopf geschossen wurde. Dennoch fielen seine Worte durch das, was ich bereits in meiner ersten Woche bei der Polizei erlebte hatte, auf fruchtbaren Boden. Und so verlor ich im Laufe meiner 25 Jahre Dienstzeit nicht nur den Glauben an die Menschen, sondern auch an mich selbst. Als ich am Ende auch noch unschuldig vor Gericht stand, verlor ich schließlich auch noch den Glauben an den Staat. Danach konnte eigentlich nichts mehr kommen.

Doch es kam etwas. Girly. Sie war bereits bei mir, als das Thema Gewalt bei mir zum Lebensthema wurde. Wie ging sie mit Gewalt um, war sie mir auch in diesem Punkt eine Lehrmeisterin? Ich erinnere mich an die Sache mit Bongo. Das war ein Schäferhund auf unserem Pferdehof, der sich gerne als Chef-Vierbeiner aufspielte. Seine Lieblingsbeschäftigung war, die Pferde auf der Weide zu jagen, vor allem, wenn keiner der Besitzer da war, der seinem Treiben Einhalt gebot.

Für Bongo war es ein Spiel, schließlich steckt in jedem Hund noch immer ein wenig Raubtier. Für die Pferde hingegen war es gefährlich. Auch wenn sie viel größer sind, können sie gegen einen aggressiven Angreifer nur wenig ausrichten. Ich merkte, auch Girly fühlte sich hilf- und machtlos, wenn Bongo sie über die Wiesen jagte. Ich als Boss hätte ihr beistehen sollen, doch was konnte ich tun, wenn ich nicht da war?

Eines Tages holte ich Girly am Führstrick von der Weide. Bongo saß neben dem Tor, als könnte er kein Wässerchen trüben. Seht doch nur, was für ein braver Hund ich bin! Ich war bereits an ihm vorüber, als ich einen kräftigen Ruck am Strick verspürte. Bongo fing jämmerlich an zu jaulen. Ich fuhr herum – und konnte mir ehrlich gesagt das Lachen nicht verkneifen. Girly hatte Bongo am Hinterteil gepackt und schüttelte ihn. Dann ließ sie los, und Bongo flüchtete mit eingezogenem Schwanz. Später stellten wir fest, dass die Wunde nicht tief war. Trotzdem war ihm das eine Lehre. Er jagte zwar immer noch die Pferde über die Weide, doch um Girly machte er von nun an einen großen Bogen.

Ach, wie gerne hätte ich zu dieser Zeit die eine oder andere Ungerechtigkeit in meinem Leben auch auf diese Art und Weise vergolten. Es muss ja nicht gleich ein Biss in den Hintern sein, aber zu denken gab mir Girlys Reaktion und die Reaktion auf diese Reaktion schon. Ich fühlte mich auch hilflos und machtlos, obwohl ich als Polizist doch angeblich die Kraft und Autorität des Staates verkörperte. Mittlerweile aber hatte ich so viele Dienstjahre auf dem Buckel, dass ich diese Machtposition für nichts weiter als eine hämische Fata Morgana hielt. Und so beneidete ich Girly an diesem Tag ein wenig, auch wenn sie mir, was dieses Verhalten anging, nicht zur Lehrmeisterin wurde.

»Lebe dein Leben so stark wie die Berge, aber sei dabei sanft wie der Frühlingswind«, heißt es bei den Navajo-Indianern. Von dem Zwischenfall mit Bongo abgesehen zeigt sich Girly immer sanft und stark. Das bin ich am Ende auch durch sie geworden – doch dazu brauchte es sehr viel Vorarbeit.

Diese Vorarbeit ist mir immens wichtig. Nichts kommt von selbst in unserem Leben, das weiß ich heute. Wir müssen uns alles erarbeiten, was nichts anderes heißt, als Erfahrungen zu sammeln. Daher lautet heute eine meiner wichtigsten Arbeitsdevisen: »Alles kann sein, nichts muss.« Ein Satz, der im ersten Moment recht schlicht klingt, aber es steckt eine ganze Menge Erfahrung dahinter. Eine davon mache ich ziemlich am Anfang meiner Arbeit als Pferdeflüsterer. Monika, die Eigentümerin einer achtjährigen Bayerischen Warmblut-Stute, ruft mich mit Verzweiflung in der Stimme an.

»Princess of Darkness geht nicht auf den Anhänger«, sagt sie. »Und die Käuferin ist schon unterwegs.«

Es geht also um einen Verkauf. Für ein Pferd ist das immer eine Stresssituation. Zum Glück liegt der Pferdehof nur eine Autostunde von mir entfernt. Ich verspreche, mich gleich auf den Weg zu machen.

»Wir probieren es seit zwei Stunden«, begrüßt mich Monika, als ich den Hof erreiche. Da gehen Pferd und Besitzerin gewiss schon auf dem Zahnfleisch, denke ich mir im Stillen. Und so ist es auch. Die Stute dreht sich sofort weg und tritt nach mir. Noch ein Feind, lautet ihre Körpersprache. Noch ein Bongo, der mich über die Weide jagt. Ich versuche, die Ruhe, die ich bei der Pferdearbeit ausstrahle, auf das Tier zu übertragen. Tatsächlich gelingt es mir, dass Princess mir den Kopf zuwendet. Ich lege ihr sanft den Führstrick um den Hals. Doch damit ist es nicht getan. Beim Verladen gebärdet sie sich wie ein Rodeopferd. Sie buckelt, tritt nach allem, was sich bewegt, steigt hoch und schlägt mit den Vorderbeinen nach uns.

»Wir sollten ihr Ruhe gönnen«, sage ich. »Machen wir morgen weiter.«

Meine Kundin ist mit meinem Vorschlag nicht einverstanden. Die Käuferin kann jeden Moment aufkreuzen, meint sie, und dann kommt ein Satz, den ich schon befürchtet habe: »Wenn Princess nicht will, wird sie halt müssen.«

Ich mache nicht mit, als Monika mit Hilfe von ein paar Männern zwei Longen einsetzt, mit extremem Druck von hinten. Auch die Gerte kommt zum Einsatz. Die Schläge machen die Stute noch wilder. Am Ende ist es lebensgefährlich, sich in ihrer Nähe aufzuhalten. Mit Schweiß auf der Stirn gibt Monika auf. In der Zwischenzeit ist die Käuferin eingetroffen und schaut der ganzen Sache stirnrunzelnd zu.

»Morgen wird's klappen«, sage ich zu ihr. Zumindest das kann ich tun: die Käuferin beruhigen, damit sie nicht auch noch ausflippt.

Ich bin aber auch wirklich zuversichtlich. Morgen werde ich es probieren, bevor die anderen das Pferd derart unter Stress gesetzt haben, dass keine Arbeit mehr möglich ist. Daher tauche ich schon kurz nach dem Morgengrauen wieder auf dem Hof auf.

»Nein«, sage ich zu Monika, als diese eine Sedierungspaste vorschlägt. Mein Ton ist entschlossen, ich habe seit gestern dazugelernt. Und siehe da, die Stute gibt sich ganz friedlich, als ich mich näher mit ihr befasse. Zehn Minuten später steht sie auf dem Hänger.

»Wieso hat das jetzt geklappt?«, fragt Monika. Obwohl eine Nacht seit den Vorfällen von gestern vergangen ist, klingt ihre Stimme noch immer angespannt.

Ja, warum? Ich überlege eine Weile und dann sage ich: »Wegen der Vorarbeit.«

»Welcher Vorarbeit? Du hast doch nichts getan.«

Doch. Ich habe gestern eine Lektion gelernt, und die habe ich umgesetzt. Ich kann das so schnell, weil ich auch die Erfahrungen aus meinem alten Leben als Polizist nicht vergessen habe.

»Ich habe ihr den Glauben zurückgegeben«, antworte ich. »Daran, dass wir, ihre Bezugspersonen, das Richtige für sie tun.«

Ich habe Princess of Darkness das gegeben, was ich selbst über die Jahre hinweg verloren hatte.

10

Wenn du einen Schuh hast, der drückt und Blasen verursacht,
dann reicht es nicht, die Blase zu behandeln.
Du musst auch den Schuh wechseln.

Der Tag, an dem ich diesen Satz niederschreibe, beginnt mit einem wunderschönen Sonnenaufgang. Wie immer bin ich früh auf den Beinen. Ein Auftrag wartet: Ich soll in den Bayerischen Wald. Die Autofahrt dorthin ist überschaubar, daher gönne ich mir die Zeit, noch auf einen Sprung bei Girly vorbeizuschauen. Sie freut sich immer, wenn ich komme, und wir spazieren im Halbdunkeln ein wenig über die Weide. Dann miste ich noch den Stall aus, bis es Zeit wird für den großen Augenblick. In einer Viertelstunde wird die Sonne aufgehen, und das lässt sich von einer Anhöhe über den Ställen am besten beobachten. Dort weht eine wunderbar frische Brise aus dem Westen, und mein Blick schweift weit über die Hügellandschaft rund ums Passauer Donautal. Hier und dort tuckern Traktoren über die Felder. Der Hochsommer ist durch, für die Bauern ist es Zeit für die Grummet oder Öhmd, wie man in manchen Regionen Deutschlands dazu sagt. Gemeint ist der zweite Schnitt des Heus, der besonders eiweißhaltig ist. Ich liebe diese Wochen, wenn die Luft vom würzigen Geruch des reifen Grases gesättigt ist. Und dann tasten sich die ersten Strahlen der Sonne aus dem Osten zu mir heran, bis auf einmal die Wiesen orange aufleuchten. Wie kann man diese herrlichen Augenblicke nur verschlafen, frage ich mich. Selbst in Zeiten, als es mir richtig dreckig ging, habe ich versucht, das Erwachen des neuen Tages so oft wie möglich mitzuerleben. Vielleicht trug das dazu bei, mir die Kraft zu geben, am Ende das Dunkle zu überwinden.

Eine Viertelstunde später sitze ich im Auto. Die Aufgabe, die ich vor mir habe, scheint ein Routine-Job zu sein. Ich soll ein Pferd verladen, das sich weigert, auf den Anhänger zu gehen.

»Können Sie das?«, fragte mich die Besitzerin am Telefon. Sie hatte sich als Carina Rothfuss vorgestellt und mir erzählt, dass sie meine Arbeit aus dem Fernsehen kenne, trotzdem stellt sie diese Frage. Amüsiert antwortete ich, »Ja, das kriege ich hin.«

»Ich weiß nicht so recht.«

Warum ist sie so zweifelnd?

»Na ja, kommen Sie halt mal vorbei«, meint sie, »ich weiß mir nicht mehr zu helfen.«

Als ich den Hof erreiche, bin ich schon richtig neugierig. Was soll bei Carinas Pandora, einer 5-jährigen Holsteiner-Stute, so anders sein? Ich stelle das Auto ab und bewege mich auf einen Pferdetransporter zu. Dort versuchen vier kräftige Männer, ein Pferd zu verladen, das aber augenscheinlich keinesfalls auf den Transporter will. Es ist ein regelrechter Kampf, Mensch gegen Tier. Als ich schon eingreifen will, geben die Typen auf. Ich frage mich, ob das wohl Pandora ist? Wenn ja, hat die Stute ihnen gezeigt, wo der Bartel den Most holt. Allerdings musste sie ebenfalls ganz schön einstecken, ich sehe selbst aus der Distanz Striemen an ihrem Körper. Dann kommt Carina, und ich stelle sie zur Rede. Ich will wissen, was das zu bedeuten hat.

»Das sind der Stalleigentümer und seine Kumpels«, antwortet sie mir verlegen. »Sie sind sich sicher, dass sie mein Pferd verladen können. Jetzt probieren sie es zum x-ten Mal. Geschlagene vier Stunden geht das schon so. Sie wollten es unbedingt schaffen, bevor du kommst. Ich wollte das nicht, aber du weißt ja...«

Das stimmt, ich weiß ja. Auf so manchem Hof haben die Pferdebesitzer wenig zu melden, wenn sich der Eigentümer des Hofes etwas in den Kopf setzt. Und leider haben viele Menschen noch nicht gelernt, anderen auch mal Grenzen aufzuzeigen. Zu sagen: »Stopp! Bis hierhin und nicht weiter«. Ich kann das gut verstehen, es ging mir schließlich früher nicht anders. Ich konnte auch nicht »Nein« sagen, und mich abgrenzen von dem, was mir nicht guttat.

Ich beobachte die Männer, die sich schwitzend und fluchend Richtung Stall bewegen. Einer dreht sich um, nimmt mich richtiggehend ins Visier und kommt zurück.

»Ist er das?«, frage ich Carina.

»Oje«, sagt sie nur.

Der Mann sieht nach Ärger aus. Ich war nicht umsonst so lange Polizist, so etwas erkenne ich auf Anhieb. Kurz bevor er mich erreicht, spuckt er eine Ladung Kautabak auf den Boden. Innerlich muss ich lächeln. Da markiert einer sein Revier, denke ich. Äußerlich zeige ich ein Pokergesicht. Noch ist nicht klar, was der Kerl von mir will.

»Du bist also der Pferdeflüsterer.« Sein Ton macht deutlich, was er davon hält, nämlich nichts. »Dann sag ich dir jetzt was: Das ist mein Hof, und auf meinem Hof hast du nichts verloren.«

Na so was, ein Rausschmiss, das hatte ich auch noch nie. So langsam wird mir klar, warum Carina Zweifel hegte, ob ich ihre Pandora verladen kann. Es geht gar nicht um meine Fähigkeiten. Es geht darum, ob der Eigentümer des Reitstalls es überhaupt zulässt. Und offenbar hat er das nicht vor.

Er sagt mir auch gleich, warum: »Solche Weicheier wie dich können wir hier nicht brauchen. Das ist doch Kinderkacke, was du da machst. Pferde brauchen eine harte Hand, wenn sie nicht spuren.«

Sein Gesicht ist rot angelaufen, seine Worte spuckt er aus wie vorhin den Kautabak. Ich möchte den Mann nicht noch mehr auf die Palme bringen, aber unkommentiert kann ich diesen Unsinn natürlich auch nicht lassen.

»Bei Pandora seid ihr aber nicht weit gekommen mit der harten Hand.«

Er starrt mich an, sucht nach einer Entgegnung. Doch was soll er darauf sagen? Also schleudert er mir nur ein »Runter vom Hof« entgegen, wendet sich um und marschiert hinüber zu seinen Freunden, die unsere Auseinandersetzung aus sicherem Abstand beobachtet haben. Carina sieht aus wie jemand, der vor Scham im Boden versinken will. Dabei mache ich ihr keine Vorwürfe. Jeder von uns wünscht sich einen guten Eigentümer oder Verwalter seines Pferdehofes. Ob man dieses Glück hat, zeigt sich oft nicht gleich in den ersten Tagen.

»Gibt es einen anderen Hof in der Nähe?«, frage ich.

Carina nickt und zeigt mit dem Finger in eine Richtung. »Ein halbe Stunde von hier.«

Ich gebe mich vergnügt, um sie etwas aufzuheitern. »Das ist doch schon die halbe Miete. Folgt Pandora am Führstrick?«

»Das macht sie. Sie will nur nicht auf den Hänger.«

»Gehört der dir?«

»Ja.«

»Dann haben wir doch die Lösung. Du führst Pandora zum Nachbarhof. Ich bringe deinen Hänger dorthin. Ich gehe jetzt nicht davon aus, dass der Eigentümer dort auch etwas gegen Weicheier hat, oder?«

Der letzte Satz ist scherzhaft gemeint, denn tatsächlich ist mir so ein Fall noch nie untergekommen und wird es später auch nicht wieder tun. Carina versichert mir, dass wir auf dem Nachbarhof willkommen seien.

»Leider haben sie dort für Pandora keinen Platz. Ich wäre gleich weg von hier.«

Dreißig Minuten später treffen wir uns auf dem Nachbarhof wieder. Eine weitere Minute später steht Pandora abfahrtsbereit auf dem Transporter.

»Vertrauen ist Vertrauenssache«, lache ich, als Carina die Hängerklappe schließt. »Vor allem bei Weichei-Methoden wie meinen.«

Ist man ein Weichei, wenn man kein harter Hund mehr ist? Wenn **man** Sensibilität nicht länger als Schwäche auslegt, sondern als eine ureigene Stärke erkennt? Müsste ich dieses Wort groß und mit Doppel-n schreiben?

Es gab Zeiten in meinem Leben, da war ich weit entfernt davon, mir solche Fragen zu stellen. Da war ich der zackige Vorzeigepolizist mit Bürstenhaarschnitt. Sah ich einen Kollegen mit etwas längeren Haaren, traf ihn meine ganze Verachtung. Hatte er auch noch einen Ohrstecker oder Ohrring, war er völlig unten durch. Ich klammerte mich am Begriff »Ordnung« fest, ohne definieren zu können, was diese Ordnung für mich eigentlich bedeutet. War Ordnung, wenn man sämtliche Regeln und Gesetze befolgt, ohne zu hinterfragen, ob sie auch richtig sind?

Es gibt die Geschichte von der fehlerhaften roten Ampel, die nicht nur viele Polizisten zum Grübeln bringt. Da gibt es also an einer Kreuzung diese Fußgängerampel, die rot zeigt, wenn die Autofahrer auch rot haben, und grün, wenn diese fahren dürfen. Bei grün zu gehen bedeutet also Lebensgefahr. Bei rot zu gehen ist verboten. Solch eine Ampel zwingt uns in die Selbstverantwortung: gehen wir bei grün, entscheiden wir, gesetzestreu zu bleiben, setzen aber unsere Gesundheit aufs Spiel. Gehen wir bei rot, schonen wir die Gesundheit und brechen dabei das Gesetz. Steht ein kleines Kind an der Ampel, wird die Sache noch komplizierter: Sind wir Vorbild und gehen bei grün, gefährden wir das Leben des Kindes. Gehen wir bei rot, wird das Kind an der nächsten Ampel womöglich ebenfalls bei rot die Straße überqueren.

Wen machen wir für diese Misere verantwortlich? Den Computer, der eine solche Ampelschaltung möglich macht? Den Menschen, der diesen Computer programmiert hat? Die Stadtverwaltung? Oder den Polizisten, der uns einen Strafzettel aushändigt, wenn wir bei rot losmarschieren? Die Frage ist: Wie passend sind all die Regeln und Gesetze, die unser Leben bestimmen? Arnold Schwarzenegger, der es als Sportler, Schauspieler und Politiker in die Weltspitze geschafft hat, fasste dieses Dilemma in einer Rede an Harvard-Studenten auf seine Weise zusammen:

»Break the rules«, sagte der damalige Gouverneur von Kalifornien zu der künftigen Elite Amerikas. »Not the law, but break the rules.«

Brecht die Regeln. Nicht das Gesetz, aber die Regeln, so lautet seine Empfehlung. In seiner Rolle als *Conan der Barbar* hätte er die Ampel wahrscheinlich mit einem Faustschlag niedergestreckt, als höchster Repräsentant seines Staates hoffentlich für die rasche Umprogrammierung gesorgt. Doch was tut er als ganz normaler Fußgänger? Die Regeln zu brechen und bei rot zu gehen, bricht gleichzeitig das Gesetz. Ganz so einfach ist es also nicht.

Als Pferdeflüsterer breche ich viele unsinnige Regeln, zum Beispiel alle, die mit Gewalt verbunden sind. Nennt mich deshalb einer Weichei, soll er das gerne tun. Doch zu dieser entspannten Haltung musste ich erst gelangen, und es war ein steiniger Weg dorthin: Auf der einen Seite war ich ein Polizist, der die Einhaltung der Gesetze zu überwachen hatte. Auf der anderen Seite kannte ich sehr viele unsinnigen Regeln. Im übertragenen Sinne stand ich jeden Tag vor dieser Ampel, die mich mit ihrem unlösbaren Konflikt geradezu verspottete: Bei grün zu gehen, lieber Manfred, heißt Lebensgefahr. Bei rot zu gehen ist streng verboten. Vielleicht ist das Gleichnis mit dieser Ampel auch die Antwort darauf, weshalb ich 20 Jahre brauchte, um aus dem System auszusteigen.

Nach den ersten Wochen in Passau, in denen ich bereits erlebte, dass Polizeiarbeit kein Zuckerschlecken ist, absolvierte ich den Anstellungslehrgang. Danach, so hieß es, erwarten mich sechs Monate Dienst bei der Einsatzhundertschaft.

»Ihr seid dazu auserkoren«, sagte der Ausbilder, »bei besonderen Einsatzlagen für Recht und Ordnung zu sorgen.«

Das klang gut in meinen Ohren. Bei der anschließenden Prüfung legte ich mich mächtig ins Zeug und schloss, wie auch später oft, als einer der Besten ab. Einige Tage darauf raunte mir ein Kollege zu: »Die schicken uns nach Wackersdorf!«

Wackersdorf, natürlich, von diesem Ort hatte ich gehört. Dort sollte die zentrale Wiederaufarbeitungsanlage für abgebrannte Brennstäbe aus deutschen Kernreaktoren entstehen. In einem komplexen technischen Vorgang wird in solchen Anlagen hochradioaktives Material von den Brennelementen getrennt. Dadurch wird das Restmaterial für die Endlagerung weniger, was eines der Argumente der Befürworter war. Dass es auch Gegner gab, war allgemein bekannt. Sie waren dagegen, weil bei der Wiederaufbereitung atomwaffenfähiges Plutonium entstehen kann, und weil sie die Transporte der Brennelemente in Castor-Behältern durch ganz Deutschland als eine Gefahr ansahen. Bislang war es zu einer Reihe friedlicher Demonstrationen gekommen. Mitte der 80er Jahre waren solche Kundgebungen an der Tagesordnung. Die Menschen protestierten gegen den NATO-Doppelbeschluss der Regierung um Kanzler Helmut Schmidt und gegen die Stationierung amerikanischer Pershing-II-Atomraketen. Es gab Menschenketten, die von Stuttgart bis Ulm reichten, es gab die Großkundgebung im Bonner Hofgarten, als eine halbe Million Menschen einen Stern um die Botschaften der fünf Atommächte bildeten. Das alles lief stets friedlich ab, trotzdem blieben die Politiker nervös. Schließlich war es bei Demonstrationen an der Frankfurter Startbahn West ein paar Jahre zuvor sowie bei der Räumung des Hüttendorfes an der Tiefbohrstelle des atomaren Endlagers Gorleben zu kriegsähnlichen Zuständen gekommen. Außerdem gab es noch immer die reale Bedrohung der terroristischen Vereinigung Rote Armee Fraktion mit Anschlägen, die sich bis in die 1990er-Jahre hineinzogen. Von daher hielt man es für notwendig, uns Polizisten für die geplante Großdemonstration nach Wackersdorf zu schicken.

»Wackersdorf«, scherzte ein Kollege, »ist eine besondere Einsatzlage.«

Uns sollte das Lachen dort vergehen. Es war Februar, es herrschte Ostwetterlage, die Temperaturen sanken auf minus 20 Grad Celsius. Unsere Einsatzfahrzeuge waren auf diese sibirischen Temperaturen nicht eingerichtet. Wenigstens, sagte ich mir, kann man uns nicht vorwerfen, wir hätten es kuschelig warm, während die Demonstranten frieren müssen. Von denen sahen wir zunächst nichts, weil die Scheiben außen wie innen von einer dicken Eisschicht überzogen waren. Dann aber tauchten mehr und mehr Leute auf, und ich erinnere mich, wie erstaunt wir alle waren. Bei dieser Kälte war es kein Spaß, seinem Unbehagen über die geplante Wiederaufbereitungsanlage vor Ort Ausdruck zu verleihen. Trotzdem ließen sich Zehntausende nicht abschrecken. Ähnlich wie im Hofgarten oder bei einer der vielen Menschenketten gab es keinerlei Ausschreitungen. Doch noch ahnten wir nicht, wie viel Zeit wir in Wackersdorf verbringen würden. Die Demonstrationen brachen nicht ab. Im Gegenteil, es schien, als rolle Welle um Welle protestierender Menschen auf uns zu. Auch manche Polizisten stellten sich die Frage, ob deren Zweifel nicht angebracht war. Namen wie Sellafield und Three Mile Island fielen, Orte in Großbritannien und den USA, an denen es zu nuklearen Störfällen gekommen war. Ich hörte zum ersten Mal vom »Größten anzuneh-

Beim Einsatz in Wackersdorf, Juli 1986. Danach wachsen die Zweifel am Polizeiberuf

menden Unfall« und von der »Unfallwahrscheinlichkeit einer kerntechnischen Anlage«. Zweifel an einer Aufgabe sind hemmend, das ist im Polizeieinsatz nicht anders als bei der Arbeit mit Pferden. Daher war ich froh, wenn ich Wackersdorf eine Zeitlang den Rücken zukehren konnte, weil andere Einsätze auf mich warteten. In diesem Zusammenhang mutet es schon fast wie Hohn an, dass ich zwei Jahre zuvor immer wieder für einige Monate zu einem ganz besonderen Objektschutz abkommandiert worden war. Ausgerechnet das Haus von Franz Josef Strauß galt es zu schützen. Der bayerische Ministerpräsident befand sich trotz seiner gescheiterten Kanzlerkandidatur auf dem Zenit seiner Macht und galt als bedroht. Jahre nach seinem Tod kam heraus, dass die Rote Armee Fraktion tatsächlich einen Sprengstoffanschlag auf ihn geplant hatte. Davon wussten wir einfachen Polizisten nichts. Wir erfuhren lediglich, dass er auch unter den Wackersdorf-Gegnern sehr unbeliebt war. Die umstrittene Wiederaufbereitungsanlage sahen sie als sein persönliches Steckenpferd an. Als er 1981 die Pläne dafür verkündet hatte, hatte er gesagt, die Anlage sei »nicht gefährlicher als eine Fahrradspeichenfabrik«. Andersdenkende veralberte er mit Sätzen wie: »Sie marschieren um die Baustelle herum, als ob es gälte, das Abendland vor dem Untergang zu retten.« Das sei »verantwortungslos«, so Strauß, damit würden sie »das Werk des Teufels betreiben«. So kochten die Emotionen immer höher, bis für Strauß schließlich die höchste Gefährdungsstufe galt. Ich kann heute nicht mehr sagen, wie viele eiskalte Nächte ich vor seinem Haus verbrachte, die Maschinenpistole im Anschlag, an deren Metall mir die Finger anfroren. In diesen Nächten war es mir ein Trost, dass ich mit diesem Beruf meine Familie ernähren konnte, die bald wachsen sollte: Inzwischen war ich verheiratet, und der Kinderwunsch stand im Raum. Deshalb wollte ich zum Einzeldienst und damit weg von der Bayerischen Bereitschaftspolizei. Im Herbst 1985 würde es so weit sein, und ich begann, die Tage zu zählen. Doch es sollte noch zwei Jahre länger dauern. Mittlerweile wühlten sich Bagger über das Gelände der Wiederaufbereitungsanlage. Wo einmal Wald gewesen war, gab es nun riesige Brachflächen, auf denen schon die ersten Gebäude erstellt wurden. Um die Rodungsarbeiten zu behindern, errichteten die Gegner ein Hüttendorf. So etwas hatte es in Gorleben auch gegeben, dort war sogar die »Freie Republik Wendland« ausgerufen worden, mit eigener Währung und dem berühmten »Wendenpass«, der nach dem Willen der Herausgeber »für das gesamte Universum gültig war, solange sein Inhaber noch lachen kann«. Zu lachen gab es aber nichts, denn die Sache endete im blutigen Chaos, als Kanzler Helmut Schmidt den Befehl zur Räumung erteilte. Nun sollte sich in Wackersdorf die Geschichte wiederholen: Im Dezember 1985 fand die erste Räumung des Hüttendorfes statt. Ob wir Polizisten das wollten oder nicht, stand nicht zur Debatte. Die Möglichkeit, dazu »Nein« zu sagen, gab es nicht. Schließlich hatten wir einen Amtseid geleistet und waren daher verpflichtet, in Wackersdorf Dienst zu leisten. Wie oft rief mir ein Demonstrant zu, ich solle die Uniform ausziehen und die Seiten wechseln? Ich wollte meinen Job behalten, also war das nicht möglich, doch trotzdem wurde in Wackersdorf bei mir die Saat ausgelegt, die irgendwann aufgehen sollte. Alles, was ich heute über die Eskalationsstufen eines Streites weiß, habe ich dort erfahren.

Menschliche Konflikte laufen immer nach demselben Muster ab: Da haben zwei Parteien einen unterschiedlichen Standpunkt. Meinungen prallen aufeinander. Noch besteht bei beiden die Überzeugung, die Meinungsverschiedenheiten durch Gespräche lösen zu können. Doch in den folgenden Debatten polarisieren sich die Meinungen. Die Verhandlungspartner beginnen, schwarzweiß zu denken. Bald geht es nicht mehr um die Sache, sondern nur noch um den Status: Wer ist überlegen, wer unterlegen? Sie kommen zur Überzeugung, dass Reden jetzt auch nicht mehr weiterhilft – nun sollen Taten sprechen: Die Kontrahenten beginnen sich zu bekämpfen. Bei Drohungen und Gegendrohungen wird der Gegner nicht länger als Mensch gesehen. Am Ende ist das Ziel die Zerstörung des anderen.

Genauso passierte es in Wackersdorf. Die Regierung setzte uns Polizisten ein sowie Hubschrauber mit Gasgranaten. Die friedlichen Demonstranten waren inzwischen vom Schwarzen Block unterwandert, dem es nicht um die Sache ging, sondern nur um Randale. Auf einmal war ich mitten in einem Krieg gelandet. Der Staat beschoss seine Bürger, die Bürger schlugen zurück. Jeden Tag fragte ich mich, wie das hatte geschehen können. Ich war Polizist geworden, um zu helfen, doch nun musste ich auf einmal das Gegenteil tun. Zuhause war meine Frau im vierten Monat schwanger, ich kämpfte in Wackersdorf für eine höchst umstrittene Kernanlage, und dann explodierte das Atomkraftwerk in Tschernobyl. Beim nächsten Einsatz schrie mich eine Demonstrantin an: »Deine Kinder sollen die Ersten sein, die verrecken!«

Das traf mich bis ins Mark, ich war erschüttert. Schließlich hatten sich nun alle Sonntagsreden der Politiker über die vermeintliche Sicherheit solcher Anlagen als bodenloser Unsinn erwiesen. Der Vorwurf von Franz Josef Strauß an die Demonstranten, sie würden das Werk des Teufels vornehmen, wendete sich gegen ihn selbst. Während die radioaktive Wolke über Europa zog und die Menschen in Angst und Schrecken versetzte, waren sich in Wackersdorf alle einig: das war's dann. Kein Politiker wird sich jetzt noch für diese Anlage starkmachen.

Wenn es um Geld geht – und es ging um viel Geld, am Ende kostete die nie fertiggestellte Wiederaufbereitungsanlage den Steuerzahler fünf Milliarden Euro – treten Vernunft und gute Argumente häufig in den Hintergrund. Die Politiker blieben stur. Was folgte, war ein rabenschwarzer Tag in der Geschichte Bayerns, die berüchtigte »Pfingstschlacht« um Wackersdorf. Autonome steckten unsere Fahrzeuge in Brand, und Hubschrauber schwebten wie im Kriegszustand wenige Meter über dem Boden und schossen Granaten mit dem Reizgas CS in die Menge. Es gab über 800 teilweise Schwerverletzte. Und ich, mittendrin in diesem Chaos, musste etwas verteidigen, von dem ich nicht überzeugt war und das mir selbst Angst einjagte.

Nach der Pfingstschlacht war nichts mehr wie früher. Hunderte Polizisten quittierten frustriert den Dienst, doch ich war nicht darunter. Trotzdem sprach ich eine Kündigung aus, eine innere Kündigung. Alles, für was ich mich begeistert hatte, war jetzt weg. Was wir hier kaputtgemacht haben, können wir nie wieder gutmachen, dachte ich. Viele Bürger sahen das genauso. Nach Wackersdorf war die Polizei nicht mehr der Freund und Helfer, sondern ein Feind und Gegner. Dieses negative Image, das bis heute besteht, schlug sich in unserer täglichen Arbeit nieder. Auf einmal konnte es passieren, dass wir bei einem ganz harmlosen Einsatz plötzlich mit einer Welle der Gewalt konfrontiert wurden. Wann immer das geschah, versuchte ich, einen kühlen Kopf zu bewahren. Gleichzeitig zog ich mich noch ein wenig mehr in mein Schneckenhaus zurück. »Innere Emigration«, sagen Psychologen zu diesem Vorgang, und es ist ein passender Ausdruck: Der Mensch emigriert, er wandert aus, er verlässt seine Heimat, in diesem Fall sich selbst. Er wird zur Maschine, zum Roboter, der zwar funktioniert wie gut geölt, doch der – logischerweise – nicht mit dem Herzen dabei ist. Ich stand immer ein Stück neben mir und staunte, wie routiniert ich die härtesten Einsätze hinter mich brachte. Gleichzeitig träumte ich von Freiheit, die es doch irgendwo geben musste. Hinter dem Horizont vielleicht, für mich unerreichbar, vor allem jetzt, wo auch meine Familie noch weiterwuchs. Jeder neugeborene Sohn war uns eine Freude, aber auch eine Verpflichtung, jetzt erst recht zu funktionieren. Der Begriff der Freiheit – wer sie aufgibt, um Sicherheit zu gewinnen, wird am Ende beides verlieren, sagte Benjamin Franklin, einer der Gründerväter der Vereinigten Staaten – ging mir nicht mehr aus dem Kopf. Im mittelhochdeutschen »vrīheit« steckt auch »Zufluchtsort«, und nach einem solchen sehnte ich mich. Wohin flieht ein Mensch, der in der Pflicht steht, diese Pflicht perfekt erfüllt und daran zu zerbrechen droht? Viele emigrieren in die Sucht, mit Alkohol an erster Stelle. Heute sind das zehn Millionen Menschen in Deutschland, die tagtäglich Alkohol in gesundheitlich riskanter Menge zu sich nehmen. Eine Zahl, die schwindelig macht, denn hinter jeder steht ein Einzelschicksal. Menschen wie ich, von der Pflicht gefangen, von der Freiheit träumend, und nicht spürend, wie man nach und nach den Boden unter den Füßen verliert.

Wann immer ich an diese Zeit denke – jetzt zum Beispiel, während ich die schmerzlichen Erinnerungen an Wackersdorf zu Papier bringe –, belohne ich mich mit einem Besuch bei Girly. Heute unternehmen wir einen kleinen Ausritt. Wie immer führe ich Selbstgespräche. Das heißt, für andere sind es Selbstgespräche. In Wahrheit spreche ich mit Girly. Ich erzähle ihr, was ich heute geschrieben habe. Auf einmal muss ich lachen.

»Du und Freiheit«, sage ich. »Das ist auch ein Thema für sich.«

Ein weiteres Indiz dafür, warum mich dieses außergewöhnliche Pferd zu heilen vermochte. Weil Girly genauso tickt wie ich. Ich bin neugierig. Sie ist es ebenfalls. Ich habe einen starken Willen. Das ist Girlys zweiter Name. Ungerechtigkeiten kann ich nicht ab. Wie sie. Ungeduld ist meine Schwäche. Ihre auch. Ich sehnte mich nach Freiheit. Die weiß sie sehr zu schätzen!

»Bernd hatte mir davon erzählt«, setze ich das Selbstgespräch fort, das keines ist. »Du warst gerade mal ein paar Monate alt und schon die erfolgreichste Ausbrecherkönigin weit und breit.«

Ausbrechen, weglaufen, den Horizont erreichen und dort weitergehen – davon träumte ich nach Wackersdorf. Bei all den Einsätzen zum Schutz von Ministerien, der Staatskanzlei, dem Flughafen München-Riem, der Baustelle des neuen Flughafens in Erding, bei der Suche nach vermissten Personen und in der Terroristenfahndung hatte ich über 600 Überstunden angesammelt. Ich träumte von Freiheit, doch wenn es irgendwo etwas zu erledigen gab, war ich unter den Ersten, die sich freiwillig meldeten. Ich sah einen Zaun vor mir, der mich einsperrte, aber ich war damals nicht so clever, wie Girly es gewesen ist.

»Du hast dich einfach neben den Zaun gelegt«, sage ich. »Und dann hast du gelauscht. Wenn dieses Klacken nicht mehr zu hören war, war das für dich ein Signal, dass nun kein Strom mehr durch die Litzen fließt. Dann hast du dich unter dem Zaun durchgewälzt, und weg warst du! Grenzenlose Freiheit, im wahrsten Sinne des Wortes.«

Girly wiehert, als könnte sie verstehen, was ich sage. Ihre Ausflüge endeten, wenn Bernd oder jemand anders sie wieder einfing, aber wenigstens hatte sie die Freiheit gewagt. Ich tat das nicht. Mein inneres Gefängnis war ebenfalls durch einen mit Strom aufgeladenen Zaun abgesperrt. Dahinter standen Flaschen, viele Flaschen, und sie versprachen eine vermeintliche Freiheit. Eine Pause vom Druck des Alltags. Ich streckte die Hand durch den Stromzaun und kassierte einen Schlag, doch dafür hatte ich den kurzzeitigen Erlöser fest im Griff. Ich begann zu trinken, ich begann zu saufen, und irgendwann konnte ich ohne Alkohol nicht mehr existieren. Sah man mir das an? Nein. Erwischte man mich dabei? Nein. Machte ich Fehler im Dienst? Nein. Fuhr ich betrunken Auto? Niemals. Wurde ich aggressiv wie so viele? Nein. Hatte ich Ausfälle? Ja, die gab es, aber meist zuhause, in den eigenen vier Wänden, wo es außer der eigenen Familie keine Zeugen gibt. Ich war einer dieser Trinker, die nicht wahrgenommen werden. Mit anderen Worten: Ich gehörte zur Mehrzahl aller Alkoholkranken, zu einer der am besten getarnten Gruppe von Menschen, die es gibt. Mir war selbst nicht klar, dass ich jeden Tag diese Tarnkappe trug. Wie auch? Gab es ein Fest, und ich soff alle unter den Tisch, klopfte man mir auf die Schulter. In Bayern gehört es zur Manneskraft, wenn man ein paar Maß mehr wegstellt als die anderen. Selbst mein Sohn war in dieser Zeit stolz darauf, dass sein Papa die anderen Papas im Biertrinken besiegte. Als der Alkohol gesundheitliche Schäden hervorrief, er wie ein zu enger Schuh für Blasen sorgte, war ich trotzdem zu nicht mehr in der Lage, als Pflaster auf die Blasen zu kleben. Den Schuh zu wechseln, den Zaun zu überwinden, die vertrackte Ampel auszutricksen, um endlich aus dem Gefängnis auszubrechen, das ging nicht. Stattdessen griff ich einfach zur nächsten Flasche.

11

Des gähd o scho' guad a, oder: Aller Anfang ist schwer.

Daraus mache ich nun wirklich kein Geheimnis: Ich liebe meine bayerische Heimat. Und damit liebe ich auch unseren Dialekt. »Des gähd o scho' guad a« heißt »das fängt ja schon gut an«, aber mit einem ganz bestimmten Unterton, den man nicht so einfach übersetzen kann. Je nach Situation kann Enttäuschung darin enthalten sein, weil man bereits erwartet, dass es nicht gut anfängt. Wir können damit aber auch Begeisterung ausdrücken, weil es eben doch gut anfängt, und, noch besser, vermutlich auch gut weitergehen wird. Und dann gibt es noch eine dritte Möglichkeit, die zwischen diesen beiden Polen – Enttäuschung und Begeisterung – zuhause ist. Genau dort waren meine Empfindungen angesiedelt an diesem 30. November 1999, als etwas sehr Bedeutungsvolles in meinem Leben und dem meiner Frau passierte. In dieser Zeit war ich ein … nun ja, der Ausdruck »menschliches Wrack« klingt nun schon sehr krass, doch gab es tatsächlich Tage, da fühlte ich mich genau so. Ich hatte größte Schwierigkeiten, morgens aus dem Bett zu kommen – selbst die schönen Sonnenaufgänge konnten mich nicht länger locken. Das Gesicht waschen? Etwas frühstücken? Besser gesagt, etwas anderes frühstücken als Alkohol? Das Haus verlassen, zur Arbeit gehen? Das alles verlangte eine Unmenge an Energie, weil mich die dunkle Wolke der Depression in eine Schattenwelt eingehüllt hatte. In dieser Zeit war Girly schon da, und ein Grund dafür, dass ich nicht wie die vielen Selbstmörder meiner Polizistenlaufbahn ebenfalls diesen letzten Ausweg wählte. Meine Frau hielt zu mir, trotz der emotionalen Achterbahn, die mein gesundheitlicher Zustand unserer Familie bescherte. In einem der wenigen lichten Momente, die wir zusammen erlebten, kam uns der Gedanke, ihr ebenfalls ein Pferd zu kaufen. Es war ein guter Gedanke, ein positiver Gedanke, der mich eine Zeitlang anspornte, aus der Passivität ins aktive Leben zurückzufinden. Ein Pferd für meine Frau! Damit Evi auch eine Aufgabe hat, wenn ich bei Girly bin. Wir verbringen Zeit zusammen! Wir reiten gemeinsam! Durch das schwere Dunkel der Wolke zog sich auf einmal ein Riss, der Sonne durchließ. Wärmende Strahlen, die meine Seele berührten. Ich fragte hier nach, ich fragte dort nach, und endlich hörte ich, was ich hören wollte: »Da gibt es diese Andalusierin namens Yucca. Ist aber ein echtes Leittier. Und deine Frau hat doch keine Ahnung von Pferden, stimmt's?«

Da schwang noch immer die Botschaft mit, »und du doch auch nicht«, und das nicht zu Unrecht. Mittlerweile hatte ich zwar ein wenig dazugelernt, aber ich hielt mich noch immer für einen blutigen Anfänger. Evi hatte in der Tat nie zuvor mit Pferden zu tun gehabt. Wie ich. Dann hatte ich Girly gewählt, die ein Leittier war, und nun sollte Yucca derselben Kategorie angehören? Andere Menschen hätten vielleicht gesagt: »Besser nicht!«

Ich dagegen sagte: »Das klingt doch gut! Wo steht sie denn?«

Auch mit Yucca war es Liebe auf den ersten Blick. Sie war etwas kleiner als Girly, dafür voller Energie. Dieses Mal kam ich mit einem anständigen Pferdetransporter auf den Hof gefahren, und auch beim Verladen gab es keinerlei Probleme. So entspannt war ich schon lange nicht mehr gewesen, als ich auf unseren Pferdehof fuhr, wo der Hofbesitzer bereits auf uns wartete. Auch Evi hatte Yucca vom ersten Besuch an ins Herz geschlossen und war froh, sie endlich mit mir zusammen in die Box neben Girly zu führen.

Girly war mittlerweile zweieinhalb Jahre alt und hatte sich zur Chefin des Stalls aufgeschwungen. Das war auch nicht so schwer, weil es neben ihr nur noch einen Wallach gab, der sich, ein Jahr jünger, gerne unterordnete. An der Redensart, dass jemand einen anderen nicht riechen kann, ist wirklich etwas dran. Das zeigte sich in dem Moment, als wir Yucca in die Box neben Girly führten. Kaum stand sie drin, gebärdete sich Girly wie eine Furie. Sie wieherte, sie stieg, sie schlug um sich.

»Was ist da los, Manfred?«, rief meine Frau erschrocken, als Girlys Hufe gegen die Boxenwand donnerten. Nochmals und nochmals, mit aller Kraft und voll wütender Aggression. Dann gab es einen krachenden Schlag, als ein Brett aus der Zwischenwand brach. Im nächsten Moment war ich in Girlys Box, doch gelang es mir nicht, sie zu beruhigen. Diese Konkurrenz da drüben dulde ich nicht, war die klare Botschaft. Durch meinen Kopf wirbelten Gedanken: Das hatte doch alles so gut angefangen, die Yucca ist so ein tolles Pferd für meine Frau. Und Girly, meine Girly, ist doch so ein tolles Pferd für mich. Ein tolles Pferd und ein zweites tolles Pferd, das muss doch klappen! Gerade war ich noch begeistert gewesen und jetzt diese Enttäuschung …! Oder eben: »Des gähd o scho' guad a!«

Auszuflippen wie eine Wahnsinnige und dabei die eigene Box kaputtzuschlagen ist kein Zeichen echter Führungsqualität. Vielmehr ist es ein Ausdruck der Furcht, dass nun eigene Schwächen bloßgelegt werden könnten. Girly war gar nicht in der Lage, in diesem jungen Alter bereits eine echte Leitfunktion einzunehmen. Allein, die Einsicht fehlte ihr – wie vielen cholerischen Bossen, die wir im Laufe unseres Lebens erleben müssen. Wie diese glaubte sie, gleich in den ersten Minuten ihren Rang klarstellen zu müssen.

»Was machen wir?«, fragte Evi. Es gab nur eine Möglichkeit, und die hieß: Abstand. Wir brachten Girly in eine leere Box, die ein paar Meter weiter von Yucca entfernt war. Trotzdem kehrte keine Ruhe ein. Pferde haben eine gute Witterung, und wenn man sich nicht riechen kann … puh, das hatten wir uns wirklich anders vorgestellt! Statt auf die neue gemeinsame Pferdezukunft anzustoßen, schauten wir betreten aus der Wäsche.

»Und morgen muss auch noch der Hufschmied ran«, sagte ich. »Na, das kann ja heiter werden.«

Ich war so unerfahren, dass ich erst beim Abtransport von Yucca gemerkt hatte, dass sie nur ein Hufeisen trug, und zwar am linken Hinterbein. An den anderen Hufen waren keine mehr. Zwar sprach ich die Vorbesitzerin darauf an, die zuckte aber bloß mit den Schultern, ganz nach der Devise: Woher soll ich wissen, warum dieses Pferd, das jetzt nicht mehr meines ist, nur einen Schuh trägt? So fühlt sich das nämlich an: Wie wenn wir versuchen, mit nur einem Schuh am Fuß durch den Tag zu gelangen. Da kommen wir nicht weit. Es war klar, dass das alte Eisen schleunigst runter musste. Da unser Hofbesitzer gleichzeitig Hufschmied war, wollten wir die Sache gleich am nächsten Tag angehen.

In dieser Nacht schliefen weder Evi noch ich gut. Ich ohnehin nicht, da ich in dieser Phase meines Lebens fast jede Nacht einige Stunden wach war. Und Evi machte sich große Sorgen. Um mich, wie immer, und jetzt auch noch um Girly und Yucca.

»Hoffentlich war die Entscheidung richtig«, hatte sie am Abend vor dem Zubettgehen gesagt. Als wir uns jetzt wieder im Hof einfanden, Girly und Yucca zornig wie zwei Rachegöttinnen einer nordischen Sage, und uns der Hufschmied anwies, was zu tun war, wurde unser Zweifel noch größer.

Seit 30 Jahren glücklich verheiratet: Manfred und seine Frau Evi

»Evi«, sagte er zu meiner Frau, »du nimmst Yucca vorne. Manfred, du hältst das Hinterbein hoch.«

Kein Fluchttier steht gerne auf drei Beinen, das bereitet ihm Stress. Unerfahren wie ich war, verdoppelte ich Yuccas Stress noch durch meinen eigenen. Zum Glück gehörte der Hufschmied zu den besten und ruhigsten seiner Branche. Aber dann war da ja auch noch Girly. Sie hatte sich fest vorgenommen, Yucca mal so richtig zu beißen. Das ging natürlich nicht, denn der Abstand war zu groß, trotzdem beschloss Yucca, genauso kräftig zurückzubeißen. Sie wandte den Kopf, öffnete das Maul, und tatsächlich, da war etwas, in das sie ihre Zähne versenken konnte. Leider war es nicht die vermaledeite Konkurrenz, sondern der Arm meiner bedauernswerten Frau. Trotz dickem Pulli und Parka fing die Wunde sofort an zu bluten. Mission schon fast erfüllt, dachte sich Yucca wahrscheinlich, drehte sich um, riss mich mit sich und trat mit dem Bein aus, das ich noch immer in Händen hielt. Die Wucht schleuderte mich aus der Pferdebox hinaus in den Gang, wo ich nach Luft schnappend liegenblieb. Als ich mich von meinem ersten Schock erholt hatte, blickte ich in die vor Entsetzen geweiteten Augen meiner Frau, die neben mir kniete. Sie hatte den Parka abgestreift, den Ärmel des Pullovers hochgezogen und zeigte mir die Wunde. Ihre Augen blitzten. Ich lächelte sie an, und als die Anspannung sich löste, begannen wir beide zu lachen. Statt zu schimpfen, ließ sie ihrem wunderbaren Humor, der mich schon so oft über die Hürden des Lebens getragen hat, freien Lauf:

»Des gähd o scho' guad a!«, sagte sie im allerschönsten Bayerisch. Bei ihr klang es nicht nach reiner Enttäuschung, es schwang schon wieder Begeisterung mit. »Des wird scho'.«

Sie hatte Recht. Es wurde. Es wurde sogar richtig gut, und das erstaunlich schnell. Wir Menschen mussten auch gar nichts dazu beitragen, dass sich die beiden Pferde untereinander einig wurden. Vergessen wir nicht, dass sie dieses Gerangel um Hierarchien schon seit vielen Millionen Jahren zu regeln verstehen. Sie haben darin deutlich mehr Erfahrung als wir. Bereits am kommenden Tag hatte sich die Situation vollständig beruhigt, als ob es nie irgendwelche Auseinandersetzungen gegeben hätte, und von nun an waren Girly und Yucca unzertrennlich. Girly war froh darüber, die Verantwortung, die sie überfordert hatte, an eine echte Leitstute abgeben zu können. Jetzt war Yucca ihre »Mama«. Ich wiederum konnte in die nächste Phase meines eigenen Lernprozesses gehen: Von Yucca lernte ich, wie man mit wachsamer Überlegung, kleinen Gesten und kontrollierter Aggression zu einem echten Leittier wird.

Es war kurz vor meinem 38. Geburtstag, als die Menschen nur noch ein Thema kannten: der bevorstehende Jahrtausendwechsel. Auf der Polizeidienststelle bereiteten wir uns auf ein feucht-fröhliches Silvester vor. Alles, was Beine hat, kommt in die Stadt, hieß es, und wir müssen dafür sorgen, dass keinem dabei etwas zustößt. Wer einen Computer besaß, fürchtete, sein Innenleben könnte durch den Jahreszahlenwechsel Schaden nehmen. Versicherungen und Banken würden alle Daten verlieren, hieß es. Satelliten könnten abstürzen, Flugzeuge ebenfalls. Ganz sicher würden die Aufzüge steckenbleiben! Die Schwarzseher hatten Hochkonjunktur, und ich war froh um jede Minute, in der ich mich aus den leidigen Diskussionen ausklinken konnte. Dann ging ich zu Girly und Yucca und freute mich, wenn Evi dabei war. Glücklicherweise handelte es sich bei unserem Hof um einen familiär geführten Betrieb, wo es kein Reiterstüberl gab. So fiel es mir leichter, meinem Grundsatz »Kein Alkohol bei den Pferden« treu zu bleiben. Vielleicht war das eine meiner größten Leistungen in dieser Zeit, und ich habe sie Girly zu verdanken.

Es verging kein Tag, am dem ich nicht schon mittags meine vier, fünf oder sechs Halbe intus hatte. Ich trank fast nie Wein und Schnaps, nur Bier. Das ist mit ein Grund, weshalb ich heute dieses Buch überhaupt noch schreiben kann. Ich stand morgens auf und trank ein Bier. Und gleich noch ein zweites. Vor dem Dienst und im Dienst trank ich nichts. Hier hielt ich es mit Arnold Schwarzeneggers Devise: »Break the rules, not the law.« Mir war klar, wenn ich das nicht mehr im Griff habe, bleibt mir wirklich nur noch die Kugel. Zuhause versuchte ich heimlich zu trinken. Heimlichkeit ist für den Alkoholiker eine der leichtesten Übungen. Niemand ist so gerissen darin wie er, seine Sucht zu verbergen. Im Umkehrschluss weiß man, man ist zum Alkoholiker geworden, sobald man damit beginnt, versteckte Vorräte anzulegen. Ich hatte überall welche. Trotzdem konnte ich meine Sucht vor meiner Frau nicht verbergen, auch wenn ich das lange geglaubt hatte.

In Bayern sind Biertrinker natürlich gern gesehene Gäste. Zehn Halbe am Tag sind in den Augen einiger Zeitgenossen in meiner Heimat noch keine Sucht. Selbst bei meinen fünfzehn Halben täglich sagten einige: Na ja, so viel ist das jetzt auch wieder nicht. Und irgendwie ging's ja auch immer weiter. Im Dienst hatte ich nie Ausfälle. Ich gehörte zu den Beliebten unter den Kollegen. Harte Einsätze? Ich war stets dabei! Kam dann aber der Feierabend, hätte ich eigentlich einfach weitertrinken können – doch da war ja noch Girly. Ich war mir sicher, sie merkte mir den alkoholisierten Zustand an. Ebenso war ich mir sicher, dass sie ihn nicht mochte, weil ein alkoholisierter Mensch keine echte Beschützerrolle einnehmen kann. Ich wiederum wollte nicht, dass sie etwas an mir nicht mag, daher hörte ich nach dem Mittagessen mit dem Trinken auf. Eine echte Willensanstrengung, und gleichzeitig eine kühle Rechenaufgabe: In den Stunden, die verblieben, bis ich bei ihr auf dem Pferdehof ankam, baute ich einen guten Teil des Alkohols ab. Nach unserer Zeit zusammen konnte ich getrost zuhause weitertrinken. Weil ich ja nicht schlafen konnte, hatte ich dafür genügend Gelegenheit. Noch ein Bier, und noch eins, und noch eins. Fünfzehn Halbe am Tag sind über 2.700 Liter Bier im Jahr, eine gewaltige Menge. Doch darüber machte ich mir keine Gedanken. Auch nicht, warum ich es bei der Arbeit noch schaffte, meine Leitungsfunktion auszufüllen, mir das zuhause aber nicht mehr gelang. Manchmal lag ich betrunken im Flur, und meine Söhne mussten über mich hinwegsteigen. Es war allein an Evi, den Laden zusammenzuhalten, ich war keine Hilfe mehr. Dafür war ich ein Meister im »Wahren des Scheins«. Auch wenn es mir immer schwerer fiel, meine Aufgaben zu erfüllen, schaffte ich es doch, alles zu erledigen, was nach außen sichtbar war. Alltägliche Angelegenheiten aber wie Körperpflege oder auch nur das Auswechseln einer Glühbirne konnten mich an den Rand der Überforderung führen.

Kürzlich stellte mir ein Journalist die Frage: »Manche Leute geben Bier ins Futter, bevor der Hufschmied kommt, damit das Pferd ruhiger wird. Sagen Sie, Herr Weindl, kann es dabei Alkoholiker werden?«

Ich antwortete zuerst darauf, was ich von dieser Gepflogenheit halte – nämlich nichts –, dann stellte ich die Gegenfrage:

»Gesetzt den Fall, ein Pferd würde dadurch alkoholabhängig. Welche Möglichkeiten hätte es dann? Zur nächsten Tanke laufen und sich ein Sixpack holen?«

Das menschliche Suchtverhalten ist an ein Belohnungssystem gekoppelt, und dieses wiederum von den Möglichkeiten abhängig, es befriedigen zu können. Wie oft war ich an der Tankstelle, um für Nachschub zu sorgen? Gerade dann, wenn ich es hin und wieder geschafft hatte, eine Zeitlang weniger zu trinken. Dann musste ich mich ja belohnen, schließlich war das ein harter Kampf gewesen. Unter dem meine Familie immer leiden musste, ich selbst allerdings auch. Alkohol ist eine »Hunger- und Wutkrankheit« – so nennt das der Autor Heinz Peter Röhr in seinem Buch *Sucht. Hintergründe und Heilung.* Jede Suchtkrankheit ist eine existenzielle Krise, die den Betroffenen in tiefste Verzweiflung stürzt. Als ich mir darüber klar wurde, hatte ich einen der wichtigsten Schritte aus der Sucht heraus getan.

Zu meiner Alkoholabhängigkeit gesellte sich eine Operationssucht. Ich ließ insgesamt 23 Operationen an mir vornehmen. Und jedes Mal fand ich einen willigen Arzt, der mitmachte. Operationssucht ist ein seltsames Leiden. Wenig ist darüber bekannt. Anfang der 50er Jahre beschrieb der Engländer Richard Ashner zum ersten Mal eine Patientin mit Operationssucht und nannte diese Krankheit »Münchhausen-Syndrom«. Aus dem einfachen Grund, weil die Sache eine ganze Menge Schwindeleien benötigt. Ein paar Jahre später wurde der Fall einer deutschen Frau bekannt, der Ärzte nach und nach auf ihren Wunsch hin den Wurmfortsatz am Blinddarm, die Mandeln, den rechten und linken Oberkiefernerv, beide Brüste, die Eierstöcke, die Gebärmutter, einen Lymphknoten, sämtliche Zähne und den linken Augapfel entfernten. Ein aus der DDR geflüchteter Volkspolizist tauchte in den OP-Listen von 74 bundesdeutschen Krankenhäusern auf. Er überzeugte Ärzte mit ganz einfachen Geschichten – ich bin aus der Straßenbahn gefallen; ich hatte eine Nierenkolik –, und schon griffen sie zum Skalpell. Auch mir fiel es nie schwer, Ärzte zu einem weiteren Eingriff zu überreden. Vielleicht weil sie jede OP gewinnbringend abrechnen konnten? Oder weil sie gerne schnippelten? Möglicherweise glaubten sie mir auch einfach. Niemand lügt so überzeugend wie ein Suchtkranker.

Was steckte hinter alldem? Selbst heute fällt es mir schwer, eine klare Antwort darauf zu geben. Operationssucht ist ein sehr spärlich erforschter Wissenschaftszweig. Als Betroffener weiß ich, dass es unter anderem darum geht, sich das Interesse seiner Umwelt zu sichern. Wenn man schwer krank ist, wenn man operiert wurde, rückt man in den Mittelpunkt der Aufmerksamkeit. Das wollte ich. Ich hatte zu dieser Zeit allergrößte Verlassensängste. Die waren natürlich meiner Kindheit geschuldet, den vielen Klinikaufenthalten ohne meine Eltern. Blieb ich nur wenige Minuten allein, konnte es bereits dramatisch werden. Dann griff ich schnell zur Flasche, denn damit gaukelt sich der Alkoholiker vor, nicht länger alleine zu sein. Johnny Walker ist schließlich sein Freund, wie Marius Müller Westernhagen singt. Doch irgendwann genügte der Alkohol nicht mehr. Ich brauchte noch mehr Zuwendung. Kümmerten sich Ärzte und Krankenschwestern um mich, wähnte ich mich auf dem richtigen Weg. Auch meine Umwelt nahm mich mit anderen Augen wahr. Auf einmal erhielt ich Mitleid, Aufmerksamkeit und Verständnis ohne Ende. Das Fatale war, dass der Einfluss der Psyche auf meinen Körper sich als so stark erwies, dass ich tatsächlich alle Arten von auffälligen Symptomen an den Tag legte. Ich bekam überall Entzündungen, die nicht mehr abheilen wollten. Es war ein Teufelskreis: Auf einmal musste ich ins Krankenhaus, um meinen plötzlich sehr realen Krankheiten irgendwie Herr zu werden.

Durch die ständigen Operationen packte ich zuhause immer weniger an. Über Jahre hinweg musste Evi alles alleine stemmen und zudem meine Alkoholsucht ertragen. Doch eines Tages sagte sie: »Ich kann nicht mehr. Wenn es so bleibt, werde ich dich verlassen.«

Ich war nicht überrascht, denn alles, was wir in unserer Ehe durchlebten, bekam ich in meiner Dienstzeit schon bei anderen Menschen mit. Wie viele Suchtkranke lernt man als Polizist doch kennen! Und wie viele auseinanderbrechende Familien sind darunter! Oft kam es mir vor, als betrachtete ich meine eigene Situation durch ein Brennglas, wenn wir wieder einmal einen Einsatz bei der Familie eines Suchtkranken hatten. Das Einzige, was mich von den meisten unterschied: Viele Alkoholiker werden aggressiv und straffällig. Das ist mir zum Glück erspart geblieben. Was allerdings auch wieder ein Grund dafür war, weshalb ich so lange unter dem Radarschirm fliegen konnte. Ein randalierender Alkoholiker gerät schnell mit den Ordnungskräften in Konflikt, selbst wenn er Polizist ist. Das hätte gerade noch gefehlt, dass mich Kollegen zur Ordnung rufen müssen! Dafür war ich ständig schlecht gelaunt. Ich trug starke Aggressionen in mir, die ich jedoch so weit im Griff hatte, dass ich niemals einen Menschen körperlich angriff. Verbale Aggression war bei mir jedoch durchaus an der Tagesordnung.

Ich liebte meine Frau, ich liebte meine Kinder. Und nun stand der Satz im Raum, »wenn das so bleibt, werde ich dich verlassen«. Viele Menschen glauben, der Suchtkranke habe seinen Willen komplett an seine Sucht verloren. Das stimmt nicht. Ich kannte Trinker, die während der Fastenzeit keinen Tropfen Alkohol anrührten, einfach um sich zu beweisen, dass sie es können. Natürlich höhlt jede Sucht aus, psychisch wie physisch. Trotzdem bleibt sehr lange genügend Lebenskraft, um den entscheidenden Schritt zu gehen. Dieser heißt »Ja!« zu sagen zu der entscheidenden Einsicht: »Ich bin krank.«

Ich verspürte tiefste Verzweiflung, als Evi diesen Satz aussprach. Ein Mensch mit Verlassensängsten soll verlassen werden? Schlimmer geht's nicht. An diesem dunkelsten Punkt meines Lebens breitete sich plötzlich ein Gedanke aus.

»Es muss etwas passieren«, lautete er. »Ich muss meine Frau beruhigen.«

Vielleicht konnte ich sie austricksen? Trinker sind die weltbesten Trickser, sie kennen kein Limit. Ja, schoss es mir durch den

Kopf, ich trickse meine Evi einfach aus. Ich trinke einfach mal nichts mehr. Ich mache den kalten Entzug. Von heute auf morgen, von jetzt auf gleich, ist Schluss mit dem Saufen. Das mache ich einen Tag, zwei Tage, fünf Tage, eine Woche, drei Wochen, von mir aus einen Monat, bis etwas Gras über die Sache gewachsen ist. Das kriege ich hin. Auch wenn ich selbst keinen kenne, der es geschafft hat. Einen kalten Entzug? Nee, nee, Freundchen! Die werden alle rückfällig! Irgendwann bricht ihr Wille.

Mit ihrem Satz hatte Evi bei mir eine wahre Lawine an Gedanken und Empfindungen ausgelöst. Was ich danach tat, war nicht spektakulär. Ich kippte weder meine Vorräte aus noch zerdepperte ich Flaschen, um mir und anderen zu beweisen, dass mein Geist willig ist und mein Fleisch auch. Doch am nächsten Tag stand ich auf und trank ein Glas Wasser zum Frühstück. Dann gönnte ich mir einen Kaffee, als Nächstes war erneut Wasser an der Reihe. Frisches, klares Wasser, ohne Hopfen, ohne Malz und vor allem ohne Alkohol. Mittags dachte ich, prima, heute muss ich wegen Girly nicht zu trinken aufhören. Ich habe ja noch gar nichts getrunken. Irgendwie fühlte sich das gut an. Am Abend bei Girly fühlte ich mich noch besser, trotz der ersten Entzugserscheinungen. Dann kam die größte Herausforderung: Immer, wenn die Nacht eintritt, gelangt ein Suchtkranker an seinen tiefsten Punkt. Ich ging nach Hause und trank Wasser. Noch mehr Wasser! Denk nicht an Bier, Manfred, denk an Wasser! Ich konnte nicht schlafen, aber ich griff die ganze Nacht nicht zum Alkohol. Ich griff auch am nächsten Tag nicht dazu. Und seit diesem Tag nie wieder.

Das alles geschah im Jahr 2004, um genau zu sein am 10. Juli 2004. Wer einmal getrunken hat und trocken wurde, kennt das Datum seiner zweiten Geburt so gut wie seinen Geburtstag. Wenn ich es heute niederschreibe, muss ich trotz all der schmerzhaften Erinnerungen ein klein wenig schmunzeln. Der Suchtkranke in mir wollte seine Frau austricksen. In Wahrheit trickste ich mich selbst aus.

Mein Sohn Andi ist ein echter Rudelführer. Wäre er ein Tier, wäre er ein Wolf – und zwar einer von denen, die sein Rudel auch unter extremsten Witterungsverhältnissen immer sicher zum Rastplatz führen. Mich erstaunt er gern mit seinem enormen Wissen über alle möglichen und unmöglichen Dinge. Aber noch mehr war ich über die Souveränität überrascht, mit der er als Ältester meiner drei Söhne mit der extrem schwierigen Situation umging, dass sein Vater ein Alki war. Andi griff zu Feder und Papier – nun, das ist die romantische Version, in Wirklichkeit öffnete er seinen Laptop – und schrieb zusammen mit seinem Bruder Christian ein Kabarettstück. Das war nicht für die Schublade gedacht – dazu war es auch viel zu gut –, sondern er, Christian und Katharina Schwägerl führten es im besten Kabarett von Passau auf. Sie nannten sich selbst die Kellerkinder, und das Scharfrichterhaus platzte aus allen Nähten, als sie im Jahr 2011 mit dem Stück *Moralverkehr* Premiere feierten. Ich wusste nicht, was auf mich zukam, als ich mit Evi in der vordersten Reihe Platz nahm. Mir war nur klar, dass ich eine tragende Rolle darin einnahm, und keiner der anderen Anwesenden würde lange raten müssen, wer da wohl gemeint war. Doch das war ich den Jungs schuldig, dass ich jetzt nicht kniff. Und auch wenn mir Andi versicherte, Papa, damit bist nicht du gemeint, waren, um in der Kripo-Sprache zu bleiben, die Indizien erdrückend. Andi spielte in einer Soloszene einen depressiven Alkoholiker, im Unterhemd und mit der Polizeimütze auf dem Kopf, und sagte Sätze wie: »Bald hänge ich mich auf. Das wäre genau das Richtige für mich. Dann kann ich mich mal so richtig hängen lassen.«

Das Publikum tobte vor Lachen, und das zu Recht. Die Rolle war tragisch und urkomisch zugleich. Trotz des Spiegels, den er mir vorhielt, platzte ich fast vor Stolz über meine Söhne. Sie hatten den richtigen – und vielleicht auch einzigen – Dreh gefunden, mit dieser belastenden Situation umzugehen. Sie hatten thematisiert, was man in vielen Familien unter den Teppich kehrt, bis irgendeinem Angehörigen der Deckel hochgeht und die Polizei eingreifen muss. Das machten sie auf so wunderbar spielerische Art und Weise, dass ich gar nicht anders konnte, als nach der Premiere freudestrahlend mit ihnen anzustoßen. Mit Wasser natürlich. Wasser im Sektglas kann das köstlichste Getränk der Welt sein! Das trinke ich auch, wenn ich heute mit meiner Frau einen Abstecher nach München mache, um Christian bei einer Aufführung im Gärtnerplatztheater zu sehen, zuletzt in *Victoria und ihr Husar*. Auch damit lässt sich wunderbar auf die erfolgreichen Söhne ein Toast ausbringen.

Mit dem kalten Entzug allein war es allerdings noch nicht getan. Ich hatte mit dem Trinken aufgehört, und ich gab auch das Rauchen auf, doch ich hatte auch noch mit meiner OP-Sucht und den kritischen Urteilen der Umwelt zu kämpfen, die einen immer dann treffen, wenn man sich am Wendepunkt einer Geschichte befindet. Im Supermarkt sprach mich ein Nachbar an. Ich hob gerade einen Kasten Mineralwasser aus dem Regal. Sein Einkaufswagen war voll mit billigem Schnaps und Bier. »Wer trinkt denn das bei dir zuhause? Etwa du?«, raunzte er mich an.

»Stimmt«, sagte ich. »Ich trinke nur noch Wasser.«

»Keinen Alkohol mehr?«

Er wusste, was ich weggestemmt hatte, denn er war Mitglied im selben Club.

»Stimmt«, wiederholte ich. »Nie wieder Alkohol.«

Er sah mich an, und sein Gesicht drückte Verachtung aus. Dann lachte er. »Ja pfui Teufel«, höhnte er, »da möchte ich ja gar nicht mehr existieren! Was soll denn das für ein Leben sein?«, und ging kopfschüttelnd davon.

Was hätte ich noch sagen können? Dass Alkohol keine Lösung ist, weil er nie zur Erlösung führt? Von dieser Erlösung war ich selbst noch ein gutes Stück entfernt. Alkoholsucht gilt als unheilbar – wer sie überwinden will, muss auch den Ursachen auf die Spur kommen. Ein Jahr nach meinem selbstverordneten kalten Entzug begab ich mich in ärztliche Behandlung. In der Parkklinik Heiligenfeld in Bad Kissingen hoffte ich, wichtige Impulse für meinen Neuanfang zu erhalten. Ich sollte nicht enttäuscht werden.

»Des gähd o scho' guad a!«, hatte Evi an dem Tag gesagt, als Yucca sie kräftig gebissen und mich mittels eines Tritts aus der Box befördert hatte. Dabei hatten Evis Augen geblitzt, und sie hatte mir zugelächelt. Ich befand mich in einer der schlimmsten Phasen meiner Sucht, von Aufarbeitung und neuen Impulsen war noch nichts zu sehen. Oder vielleicht doch? War nicht Girly ein neuer Impuls gewesen, der dafür sorgte, dass ich etwas weniger trank? Yucca war ebenfalls ein solcher Impuls. Sie sorgte dafür, dass Evi und ich wieder Zeit gemeinsam verbrachten. Damit entstand eine Gegenbewegung zu den Kräften, die unsere Familie entzweien wollten. Girly und Yucca waren mittlerweile unzertrennlich, zwei sogenannte »Verlasspferde«, die uns beiden Grünschnäbeln guttaten. Egal ob eine Engstelle kam, ein seltsamer Gegenstand auftauchte, Autoverkehr uns Reitern den Schweiß auf die Stirn trieb oder ein Bach oder sogar ein Fluss überquert werden musste: Auf die Zuverlässigkeit der beiden konnten wir uns verlassen. Daher rührt dieser Ausdruck. Solche Verlasspferde sind nicht in Gold aufzuwiegen.

Wenn ich das heute niederschreibe, kommt mir in den Sinn, dass Evi und ich mittlerweile auf 30 Ehejahre zurückblicken können. Ich bin mir sicher, dass unsere Ausritte dazu beigetragen haben. Dabei erlebten wir sehr harmonische Stunden – auch wenn mich die beiden Pferde immer wieder aufs Neue testeten, wo ich gerade stand. An einem Tag gebührte Yucca diese Aufgabe. Der Ausritt führte uns in ein Tal, durch das sich ein mäanderndes Bächlein zog. Es gab eine flache Furt, die wir schon ein Dutzend Mal durchquert hatten. Dass Yucca Wasser, ob fließend oder stehend, nicht besonders mochte, war uns inzwischen bekannt, doch als gute Führungsstute ließ sie sich auch davon nicht abschrecken. Heute allerdings führte sie anderes im Schilde. Einen Schritt bevor ihre Hufe nass wurden, blieb sie stehen. Fest gemauert in der Erden – so hätte es vielleicht ein Friedrich Schiller ausgedrückt, allein, mir war an diesem Tag nicht poetisch zumute. Ich befand mich mit Girly schon auf der anderen Seite, was Yucca normalerweise dazu motivierte aufzuschließen. Nicht heute. Also stieg ich ab, ging zurück – das Wasser berührte kaum meine Knöchel – und versuchte, Yucca am Zügel über das Rinnsal zu geleiten. Wir ritten unsere Pferde gebisslos mit dem sogenannten »LG-Zaum«, den die Pferdefachfrau Monika Lehmenkühler als hervorragende Alternative zum Reiten mit Gebiss entwickelt hat. Damit konnte ich Yucca am Zügel nach vorne ziehen, ohne ihr Schmerzen zu bereiten. Mit was ich allerdings nicht gerechnet hatte: Auf einmal hatte ich das Zaumzeug samt Zügeln in der Hand. Es war ihr glatt über die Ohren gerutscht! Yucca, auf einmal Freiheit spürend, drehte sich um und galoppierte Richtung Stall davon. Ich schwang mich wie Old Shatterhand auf Girly, sprang mit ihr über den Bach und sprengte den steilen, schmalen Waldweg hinter Yucca her. Noch nie im Leben hatte ich so einen Ritt gewagt, doch nun hieß es, Gas zu geben. Ich musste sie einholen, da in einigen Kilometern Entfernung eine vielbefahrene Bundesstraße lag. Davor war eine Wiese, oft eine Einladung für Pferde, nochmal an Tempo zuzulegen. Zum Glück tat Yucca das nicht! Ich fand sie friedlich grasend auf der Wiese wieder. Sie ließ sich von mir einfangen, und wir mussten nur noch auf Evi warten, die den ganzen Weg zu Fuß wohl oder übel zurückgelegt hatte.

In meiner damaligen seelischen Verfassung stempelte ich mich durch dieses Ereignis sofort wieder als Versager ab. Ich hatte Yucca nicht übers Wasser bringen können. Das Western-Zaumzeug war nicht dazu geeignet, ein Pferd durch Ziehen vorwärtszubewegen. Dazu hatte meine Frau laufen müssen, was für einen Reiter doch eine ziemliche Schande ist, habe ich Recht oder habe ich Recht? Wieder einmal typische Manfred-Fehler, so sang ich mein Versager-Lied. Erst später wurde mir klar, was noch geschehen war: Yucca hatte mich dazu gebracht, meine Übervorsicht einfach mal über Bord zu werfen. Damit sorgte sie dafür, dass ich einen kleinen Wendepunkt erlebte. Viele solche Wendepunkte führen am Ende dazu, unserem Dasein eine andere Richtung zu geben. Nach etwas mehr als fünf Jahren mit Girly und Yucca war ich bereit, mich zu häuten und ein völlig neues Wesen zu werden.

12

Gewalt endet mit dem Versuch, sich selbst zu besiegen.
Sie erzeugt Bitterkeit in den Überlebenden und
Brutalität in den Zerstörern.

Dr. Martin Luther King

»Das soll der Manfred machen«, hieß es. Ein Betriebsunfall in der Nähe von Passau. Ein Baggerfahrer hatte versucht, durch eine enge Einfahrt zu gelangen. Er musste den Spiegel einklappen, dazu beugte er sich aus dem Fahrerhaus. Dass sein Fahrzeug aus irgendeinem Grund Fahrt aufgenommen hatte, bemerkte er nicht. Ich bezweifelte, dass der Tod schnell kam; ebenso wenig wie bei der jungen Frau, die eine Woche zuvor mit dem Arm in die Abfüllanlage einer Brauerei geraten war. Auch da hatte es geheißen, Manfred, mach du das mal. Einige Kollegen konnten oder wollten sich dieser schrecklich zugerichteten Unfallopfer nicht annehmen. Ich hielt die furchtbaren Bilder, die sich mir vor Ort boten, auch kaum aus. Aber ich sagte nie: »Nein, das tue ich nicht.« Im Gegenteil: Ich suchte sogar diese Einsätze, bot mich an, wenn es darum ging, dorthin zu fahren. Wieder einmal ging es darum, anderen zu beweisen, was für ein harter Hund ich doch war.

Und so fuhr ich auf den Bauernhof, auf dem ein Großvater eben seinen Enkel mit dem Traktor überrollt hatte. Ich war der Erste an der Unfallstelle, wo eine Mutter mit ihren zwei Kindern mit einem LKW kollidiert war. Die Burschen, die am Bahnübergang den Zug übersahen? Ich überbrachte die Todesnachricht. Die vielen Motorradfahrer, die an sonnigen Wochenenden ihr Leben auf den Straßen rund um Passau ließen? Der 17-Jährige, der den Bus verpasste, zu Fuß nach Hause wollte und von einem Auto hundert Meter mitgeschleift wurde? Die Erhängten, die ich vom Seil abschnitt? Und all die Opfer unsinniger Gewalt: Der Mann, dem ein Minderjähriger den Schädel mit einer Bratpfanne zertrümmerte, weil sie sich nicht darauf verständigen konnten, welche Musik sie hören wollten. Die 18-Jährige, die von einem Taxifahrer vergewaltigt worden war, vom Richter bloßgestellt wurde und am Ende in der Psychiatrie landete, weil sie die Welt nicht mehr verstand? Überhaupt die enorme Anzahl sexuell missbrauchter Mädchen und Frauen? Wenn es dann wieder hieß, Manfred, machst du das, sagte ich »Ja«. Es war schließlich mein Job. Es war meine Pflicht. Klar, war es auch der Job der Kollegen. Klar, war es auch ihre Pflicht. Die meisten von ihnen waren ja auch wie ich. Die gingen mit. Doch andere waren plötzlich wie vom Erdboden verschluckt, wenn es hieß: »Da hat einer versucht, den Propeller seines Flugzeugs zu starten. Ist schiefgegangen. Es hat ihm den Kopf gespalten.«

Gewalt und Tod, Tod und Gewalt, und das Woche für Woche. Ich erfuhr diese Gewalt auch am eigenen Leib: gebrochene Rippen, weitere Knochenbrüche, Prellungen, blutende Wunden – gar nicht zu sprechen von den seelischen Verletzungen. Auch der Tod linste häufig um die Ecke: Tobende Menschen, mit dem Schlachtermesser oder einer Schusswaffe in der Hand. Sie verwünschten mich, ich störte ihre Absichten. Was sie alles schrien! Was sie mir alles antun wollten! Mich umbringen, meine Familie abschlachten, mein Haus anzünden – ich bekam alles zu hören. Und warum? Weil ich meinen Job tat. Weil ich meine Pflicht erfüllte.

Für diese Pflichterfüllung wurde ich wie alle regelmäßig beurteilt. Schließlich geht es auch um Beförderungen, um Gehaltserhöhungen. Es geht um alles, was wichtig wird, wenn die Familie wächst. Meine erste Beurteilung hätte nicht besser sein können. Sie wurde aufgrund einer Erkrankung während des Beurteilungszeitraums zurückgezogen. Begründung: Ihre Ausbildung muss nun um zwei Monate verlängert werden, deshalb verschiebt sich auch der Beurteilungszeitraum um dieselbe Zeit. Das hatte fatale Auswirkungen. Denn jetzt wurde ich von meiner neuen Dienststelle beurteilt. Und hier bekam ich eine viele schlechtere Einschätzung, weil es im Einzeldienst nicht üblich war, als junger Beamter eine so gute Beurteilung zu erhalten. Auf einmal war alles vergessen, was ich geleistet hatte. Das verstand ich zwar nicht, aber ich sagte mir, okay, das nächste Mal wird's schon werden, ich reiß mir halt noch ein wenig mehr den Hintern auf. Ich geh die Extrameile. Ich schrecke vor keinem noch so schlimmen Einsatz zurück. Als dann die nächste Beurteilung kam, war ich gerade erneut versetzt worden. Da musste ich mir vom Dienststellenleiter sagen lassen: »Auf einer neuen Dienststelle ist es nicht üblich, gleich eine gute Beurteilung zu erhalten.«

Heute weiß ich, dass ich auf den Tisch hätte hauen müssen. Stattdessen fraß ich die Enttäuschung in mich hinein, strengte mich noch mehr an und hoffte aufs nächste Mal. Ich hatte noch keine Ahnung, wie der Beamtenapparat tickt; wie leicht man darin Leute klein halten kann. Als ich nach sieben Jahren endlich meine gute Erstbeurteilung wieder erreicht hatte, war es zu spät. Ich war inzwischen so ernsthaft erkrankt, dass ich die Früchte nicht mehr ernten konnte.

Denke ich an diese Zeit zurück, fragte ich mich: Wenn ich ein Pferd wäre – unter welchen Umständen hätte ich dann gelebt?

Und sofort stelle ich mir einen engen, lichtarmen Stall vor. In diesem Stall gibt es andere Pferde, mit denen ich mich gut verstehe. Sind wir draußen, bin ich gerne mit ihnen zusammen. Leider haben unsere Besitzer keine Ahnung vom Pferdewesen. Und, was noch schlimmer wiegt, sie haben auch kein Interesse, etwas darüber zu lernen. Weil wir deshalb manchmal scheuen, weil wir nicht immer das tun, was sie wollen – weil wir oft gar nicht begreifen, was sie wollen –, erleben wir täglich Gewalt. Wir erleben diese Gewalt in unserem Alltag, denn wir sind Arbeitspferde im harten Einsatz und werden für den Krieg missbraucht. Wir erleben Gewalt durch unsere Besitzer, physisch wie psychisch. Deshalb fliehe ich auf die Koppel, so oft ich kann. Sie ist eingezäunt, und ich suche nach Möglichkeiten zur Flucht. Irgendwann, sagt mein Pferdeinstinkt, wird es so weit sein. Irgendwann liegt die Freiheit vor mir. Und dann werdet ihr mich rennen sehen.

In meinem wirklichen Leben verhielt ich mich nicht wie ein Pferd. Ich bin nie weggerannt. Die tägliche Konfrontation mit Gewalt und Tod war das genaue Gegenteil von dem, was mein Dasein eigentlich hätte ausmachen sollen. Die schöpferische Kraft des Lebens, die Freude an jedem Tag, den wir gestalten dürfen, die Liebe zu sich selbst und zu allen anderen Geschöpfen – das sind heute meine inneren Leitbilder. Als junger Bursche hatte ich gehofft, sie in der Polizeiarbeit zu finden. Dein Freund und Helfer und diese Sachen. Stattdessen fand ich anderes. Wie ich das aushielt? Durch meine Flucht nach innen. Durch Alkohol und die Sucht nach Operationen. Durch das Zählen meiner Narben.

Ich weiß nicht, ob ich dieses Spiel bis zum bitteren Ende getrieben hätte. Girly gelang es, mein Abrutschen in den Abgrund zu verlangsamen, aber natürlich konnte sie es nicht gänzlich stoppen. Dazu waren die äußeren Einflüsse zu stark. Hätte ich also weitergemacht, bis es nicht mehr gegangen wäre? Wie viele suizidgefährdete Menschen malte ich mir bereits meinen Tod aus.

Auf keinen Fall will ich die große Sauerei, dachte ich pragmatisch. Die habe ich zu häufig erlebt. Wenn die engsten Angehörigen danach noch putzen müssen, wie schrecklich ist das denn! Also gehe ich in den Wald. Ich bin Polizist und habe eine Waffe. Ich nehme einen großen Schluck Wasser, stecke mir den Lauf in den Mund und drücke ab. Die Druckwelle besorgt den Rest.

Geistige Vorbereitungshandlung nennt man es, wenn ein Suizidgefährdeter solche Überlegungen anstellt. Um mich in der Todessehnsucht zu bestärken, suhlte ich mich in dunklen Gedanken. Schau dich mal an, Versager. War's nicht so, dass man dich schon früh loswerden wollte? Erinnere dich an die Klinikaufenthalte in deiner Kindheit! Erinnere dich, wie allein du warst.

Dann stellte ich mir vor, wie die Leute an meinem Grab stehen würden und versuchte, bildlich zu erkennen, wer um mich trauert und wer nicht. Es wurde zu einer wahren Obsession, mir die Reaktionen anderer Menschen auf meinen Tod vorzustellen. Dies kombiniert mit dem Gedanken, dass niemand mich vermissen würde, erzeugte eine vertrackte Situation, die meine Verwirrung nur noch größer machte. In gewisser Weise stellte sie aber auch den Sinn eines Suizids in Frage.

Denn immer, wenn ich kurz davor war, aus den unseligen Gedanken eine unselige Tat werden zu lassen, schoben sich andere Bilder in meinen Kopf. Die Gesichter meiner drei Söhne. Papa ist ein feiger Hund, hörte ich sie sagen. Hat sich einfach aus dem Staub gemacht. Auch Evi tauchte vor meinem geistigen Auge auf. Wie ihre Augen blitzen, wenn sie lacht, ein immer aufs Neue sprudelnder Hoffnungsbrunnen. Das waren Bilder wie eine frische Brise, welche die dunklen Wolken verjagen konnten. Für ein paar Tage war ich wieder gerettet.

Wie lange hätte sich dieses Spiel noch hinziehen können? Ich weiß es nicht. Ich muss es auch nicht wissen. Weil etwas geschah, was das Fass zum Überlaufen brachte. Es war nicht der berühmte Tropfen, sondern mehr. Wesentlich mehr. Ich habe lange damit

Eine Kraftquelle: die Stunden mit Girly

gehadert, und in schwachen Momenten kann ich das noch heute. Trotzdem war, was an diesem grauen Novembertag im Jahr 1996 geschah, auch der Beweis für die Richtigkeit eines Leitspruchs von Mahatma Ghandi: »Dein größter Feind ist dein größter Lehrmeister.« Das zu verstehen gehört zu den schmerzlichsten aber auch gewinnbringendsten Prozessen in meinem Leben.

An jenem Tag war mir eine junge Kollegin zugeteilt worden. Sie war, wie ich es vor Jahren gewesen bin: grün hinter den Ohren, aber voller Tatendrang, in der Hoffnung, als Polizistin das Leben der Menschen in Passau ein wenig besser zu machen. Ich gehörte nicht zu denen, die Frischlingen diesen Zahn innerhalb einer Woche ziehen. Auch wenn meine Seele und mein Körper durch den Polizeidienst bereits schwer erkrankt waren, fühlte ich mich noch immer in der Lage, Neulingen den Weg zu bereiten. Ich konnte noch immer motivieren und anspornen. Als uns jetzt im Westen der Stadt ein Fahrzeug ohne Nummernschild entgegenkam, dachte ich erst: Das ist Routine. Vielleicht ist es abgefallen, dann ist die Sache schnell erledigt. Oder der Mann darin will das Auto verkaufen und war zu faul, sich eine rote Nummer zu besorgen. Nicht gerade im Sinne des Erfinders, wenn er ohne Versicherungsschutz im Straßenverkehr unterwegs ist, aber auch noch im Rahmen. Wir müssen ihn halt stoppen. Keine große Sache. Routine eben.

Trotzdem war ich lange genug dabei, um ständig eine Alarmanlage im Hinterkopf eingeschaltet zu haben. Schließlich hatte ich meine eigene erste Woche im Polizeidienst nie vergessen, als wir unseren Einsatz in der Leonhard-Paminger-Straße fast mit dem Leben bezahlt hätten. Die Lektion meines Dienstgruppenleiters danach hatte ich ebenfalls noch im Ohr: Glaube niemals, dass ein Einsatz Larifari ist. Nur so überleben wir.

Daher schöpfte ich Verdacht, als der Fahrer, kaum dass er den Streifenwagen wahrnahm, das Auto rasch zur Seite lenkte und den Motor abstellte. Ich fuhr an ihm vorbei und entdeckte im Rückspiegel, dass auch hinten das Kennzeichen fehlte. Version eins, es sei ihm abgefallen, schied damit aus.

»Wir sollten nachschauen«, sagte ich zu meiner jungen Kollegin.

Wir hielten an, stiegen aus und gingen zum Wagen. Nicht wenige Menschen glauben durch die vielen Krimis im Fernsehen, dass Polizisten in solchen Situationen recht grimmig vorgehen. Das ist Fiktion, die Realität sieht anders aus. Wir sind höflich, wie es gutes Benehmen eben gebietet.

»Bitte drehen Sie die Scheibe runter«, sagte ich zu dem Mann im Auto. Er war sehr groß und sehr kräftig, das Fahrzeug wirkte zu klein für ihn. »Und zeigen Sie mir bitte Ihren Führerschein und den Fahrzeugschein.«

Dieser Satz gehört zum Standardrepertoire bei möglichen Verkehrsdelikten. Ich war immer wieder erstaunt, wie viele Leute ohne nötige Papiere in Autos unterwegs waren. Bei diesem Mann schien es nicht anders zu sein. In gebrochenem Deutsch erklärte er, dass er keinen Führerschein besitze, aber auch keinen brauche. Schließlich sei er nicht gefahren, sondern würde lediglich ein Autoradio einbauen. Tatsächlich erspähte ich im Fußraum vier Radios, von denen, wie sich später herausstellte, drei gestohlen waren.

Da meine Kollegin und ich den Mann beim Fahren erwischt hatten, stand der Verdacht einer Straftat im Raum. Ich bat ihn um seine Personalien, doch auch hier biss ich auf Granit. Weder bekam ich eine Antwort, noch zeigte er mir einen Ausweis. Stattdessen stieg er aus und präsentierte uns seine eindrucksvolle Gestalt. Mit seinen 1,90 m überragte er mich um ein ganzes Stück. Dazu brachte er gut und gerne 110 Kilo auf die Waage.

Kein Einsatz ist Larifari. Die Worte meines Dienststellenleiters schienen sich wieder einmal zu bestätigen. Wie sollte ich diesen Mann dazu bewegen, mit auf die Dienststelle zu kommen, um seine Identität zu klären? Das musste laut Gesetz geschehen. Ich stand also in der Pflicht, ihn vorläufig festzunehmen und ihn zur Eigensicherung der Kollegin und mir zu durchsuchen. Stellt sich diese Aufgabe, geht man am besten rein nach Vorschrift vor: Ich teilte ihm mit, dass er vorläufig festgenommen sei, wir jetzt zur

Dienststelle fahren und dort seine Identität überprüfen würden. Dazu müsste ich ihn durchsuchen. Als ich in die Gesäßtasche seiner Jeans fasste, passierte es: er schlug meine Hand weg und schubste mich zur Seite. Im nächsten Augenblick schlug er bereits wild auf uns ein. Darin hatte er Erfahrung, das merkte ich gleich. Trotzdem gelang es mir, ihn kurzzeitig an den Armen zu fixieren, doch war klar, dass wir zwei den tobenden Mann nicht ins Dienstauto verfrachten konnten.

»Ruf Verstärkung«, rief ich der Kollegin zu. Diesen Moment nutzte der Mann. Er hämmerte mir den Ellbogen in die Rippen, ich hörte es knacken. Schon beim nächsten Atemzug durchfuhr mich der Schmerz. Rippe gebrochen, dachte ich, und im selben Augenblick wandte er sich zur Flucht. Obwohl mir nicht mehr nach einem Wettrennen war, blieb ich ihm auf den Fersen und schaffte es, ihn zu ergreifen. Da schnappte ich allerdings schon gewaltig nach Luft, weil die gebrochene Rippe auf den Lungenflügel drückte. Muhammad Ali, Olympiasieger und späterer Athlet des Jahrhunderts, der wenige Monate vor diesem Zwischenfall in einer bewegenden Zeremonie das olympische Feuer von Atlanta entzündet hatte, sagte einmal: »Die längste Zeitspanne sind die drei Minuten einer Boxrunde.«

Meine Auseinandersetzung mit dem Mann dauerte schon länger als diese drei Minuten. In meinem Brustkorb brannte ein Feuer, und jedes Mal, wenn ich Luft holte, wurde mir schwarz vor Augen. Meine Kräfte schwanden dahin. In solchen Situationen sieht der Gesetzgeber vor, die Widerstandshandlung, wie man das nennt, zu beenden. Das tat ich. Ich hieb dem Mann meine Faust auf die Nase. Dieser Schlag ruft nicht zwingend schwere Verletzungen hervor, führt aber zu Nasenbluten. Selbst der stärkste Kerl hört dann meistens auf, um sich zu schlagen.

Mein Plan ging auf. Bis Verstärkung eintraf, konnten wir den Mann in Schach halten. Die Kollegen nahmen ihn mit, und das Puzzle setzte sich zusammen: Der PKW war seit einem Jahr stillgelegt und damit nicht versichert, und dem Mann war längst die Fahrerlaubnis wegen Trunkenheit am Steuer entzogen worden.

»Kein Wunder«, dachte ich, »dass er uns vorgaukeln wollte, er sei nicht gefahren.«

Da saß ich bereits mit der Kollegin beim Krankenhausarzt, der uns durchcheckte. Sie hatte heftige Prellungen erlitten, bei mir sah es richtig böse aus: Fraktur der vierten Rippe links, eine Schädelprellung, diverse weitere Prellungen, blutende Verletzungen an Hand und Fingern sowie ein Unfallschock.

»Tja, Kollege«, sagte der Arzt. »Da schreibe ich Sie mal schön krank.«

In diesem Augenblick machte ich einen Fehler. Vielleicht war es auch keiner, wenn man den Leuten Glauben schenkt, die sagen, wir machen niemals Fehler, sondern nur Erfahrungen. Auf die Erfahrungen, die aus meiner Antwort entstanden, hätte ich allerdings gerne verzichtet.

»Ist nicht nötig«, winkte ich ab. »Es wird schon gehen.«

So war ich halt. Erst kam die Pflicht, dann kam die Pflicht und dann kam die Pflicht. Auch wenn es mir dreckig ging mit meiner gebrochenen Rippe und der Schädelprellung, hatte ich nicht vor, meine Kollegen im Stich zu lassen. Vielleicht dachte ich auch, dass meinem Dienstherrn, dem Bayerischen Staat, dieser Arbeitseifer gefallen müsste. Welcher Arbeitgeber hat nicht gerne pflichtbewusste Mitarbeiter? Ich sollte eines Besseren belehrt werden. Die Loyalität und Fürsorgepflicht, die ich an den Tag legte, wurde mir jedenfalls nicht gedankt.

Zunächst legte ich den Fall ad acta. Verglichen mit dem, was ich in all meinen Dienstjahren erlebt hatte, war es wirklich keine große Sache. Klar, die Folgen waren schmerzhaft, und das über Wochen hinweg. Bis eine Rippe zusammenwächst, geht Zeit ins Land, und zum Heilungsprozess lässt sich wenig beitragen. Da heißt es eben, Zähne zusammenbeißen, und das tat ich. Die Angelegenheit kehrte erst wieder in mein Gedächtnis zurück, als der Mann vor Gericht erscheinen musste. Fahren ohne Fahrerlaubnis, Fahren ohne Pflichtversicherung, Widerstand gegen Vollstreckungsbeamte, Körperverletzung: Es war eine ganze Latte von Anklagen, über die der Amtsrichter an diesem Tag zu entscheiden hatte. Meine Kollegin sagte aus, ich sagte aus, die hinzugerufenen Kollegen sagten aus, wir dachten wahrscheinlich schon daran, was im Laufe des Tages noch alles auf uns zukommen würde. Da rief die Verteidigerin auf einmal zwei Zeuginnen auf, von denen vorher nie die Rede gewesen war. Es handelte sich um Landsmänninen des Angeklagten, die, wie sie sagten, rein zufällig aus nebeneinanderliegenden Fenstern geschaut hatten. Von dort hätten sie was ganz anderes beobachtet. Eineinhalb Stunden hätten sie aus diesen Fenstern rausgeguckt und gesehen, wie der Angeklagte sein Fahrzeug gewaschen habe. Er habe, entgegen seiner eigenen Aussage, kein Autoradio eingebaut, also eine ganz neue Version. Und auf keinen Fall wäre er damit gefahren. Das ist echt dilettantisch abgesprochen, dachte ich.

Man sollte aber vor Gericht nicht lachen, auch wenn die Nummer kabarettistisch wird. Außerdem war Schluss mit lustig, als die vermeintlichen Zeuginnen kundtaten, ich hätte dem Mann den Faustschlag versetzt, als er bereits gefesselt war. Dem Richter kam das zum Glück wie uns allen sehr seltsam vor. Er hakte nach. Eine der Frauen wollte mich von vorne gesehen haben, die andere von hinten, und das aus parallel liegenden Fenstern.

»Wie soll das gehen?«, fragte der Richter.

Die Zeuginnen, die kein Deutsch sprachen und deren Aussagen vom Dolmetscher übersetzt wurden, verstrickten sich immer mehr in Widersprüche. Dann stellte sich heraus, dass eine der Frauen den Angeklagten gut kannte, auch wenn sie das zunächst abstritt. Das Ganze roch gewaltig nach Absprache, doch vor Gericht zählen Fakten. Daher vereidigte der Richter die Zeugin.

Auch jetzt schien alles noch ein Routinefall zu sein. Dass sich Angeklagte alle möglichen Ausflüchte einfallen lassen, ist keine

Seltenheit. Doch Zeugen sind vor Gericht zur Wahrheit verpflichtet. Und an diesen Grundsatz glaubte ich auch, zumindest jetzt noch. Am Ende stellte der Richter die Rechtmäßigkeit meiner Maßnahme fest. Der Angeklagte wurde zu einer Haftstrafe von vier Monaten auf Bewährung verurteilt und kam damit sehr glimpflich davon. Gegen die Zeuginnen wurde noch im Gerichtssaal ein Strafverfahren wegen Meineid und uneidlicher Falschaussage eingeleitet. Haken wir die Sache also ab, dachte ich. Nie hätte ich mir ausmalen können, wie falsch ich damit lag.

Gerade habe ich auf dem Pferdehof ein widerspenstiges Pferd in den Hänger verladen – das heißt, das Pferd war nicht widerspenstig, es hatte nur Angst, seine vertraute Umgebung zu verlassen –, als mich ein Mann anspricht. Er ist der Besitzer eines älteren Pferdes, und ich merke, die Zuneigung zwischen den beiden ist groß. Ältere Pferde werden eines Tages von uns gehen, das habe ich gerade selbst erlebt, als Yucca nach 23 Jahren erfülltem Leben das Zeitliche gesegnet hat. Ich bin noch voller Trauer, und vielleicht sind deshalb meine Antennen so fein. Ich höre in der Stimme des Besitzers, wie sehr ihm der Kloß im Hals sitzt.

»Die Rosl frisst kaum noch was«, sagt er. »Der Tierarzt war da und hat bloß mit den Schultern gezuckt.«

Wir schauen uns sein Pferd an. Rosls Flanken sind bereits eingefallen. Ansonsten entdecke ich nichts, was dem Tierarzt hätte entgangen sein können. Aber irgendetwas stimmt nicht. Daher zucke ich nicht mit den Schultern, sondern schaue ich mich aufmerksam im Stall um, wie es Sherlock Holmes am Tatort tun würde. Ich bin zwar schon lange kein Polizist mehr, aber das Spürnasenfieber habe ich noch immer.

»Wo ist denn die Tränke?«, frage ich.

»Brauchen wir nicht«, antwortet der Pferdebesitzer. »Die Rosl und die anderen können das Jahr über runter zum Bach.«

»Ich schau da mal nach«, sage ich und mache mich auf den Weg. Ist doch prima, denke ich. Naturnah. Wie in der Wildnis. Einen eigenen Bach. Das Wasser ist sicher gut. Wir sind weit oben im Bayerischen Wald. In dieser Höhe muss man nicht wie in tieferen Lagen befürchten, dass ein Landwirt mit Düngemitteln das Wasser verunreinigt. Den Zugang zum Bach können die Pferde auch bequem erreichen. Das Wasser fließt rasch, aber nicht so, dass es sie abschrecken könnte. Ich knie mich nieder und halte die Hand hinein. Es ist kalt, sehr kalt sogar, ich schätze die Temperatur auf vielleicht fünf bis sechs Grad.

Als ich zurückkomme steht der Besitzer bei Rosl und tätschelt ihr die Flanken.

»Können Sie uns einen Eimer warmes Wasser bringen?«, frage ich. »Handwarm wäre super.«

Kaum steht der Eimer bereit, streckt Rosl den Kopf hinein. In Nullkommanichts hat sie ihn geleert.

»Tja«, sage ich. »Am besten noch einen.«

Und einen dritten hintendrein. Pferde brauchen bis zu 50 Liter Wasser am Tag, doch Rosl hatte sich dem Trinken verweigert, weil das Wasser schlicht und einfach zu kalt war. Vor lauter Dehydrierung hat sie dann auch nichts mehr gefressen. Das warme Wasser kommt gerade noch zur rechten Zeit.

»Ich verstehe das nicht«, sagt der Besitzer. »Pferde im hohen Norden oder in den Rocky Mountains trinken doch auch kaltes Wasser.«

»Das stimmt«, entgegne ich. »Aber dort lebt Rosl nicht. Sie ist hier im Stall, frisst Stallfutter, das nicht dem Futter in freier Wildbahn entspricht, und sie ist damit auch ziemlich alt geworden. Ich wette, sie hat empfindliche Zähne. Sie kennen das doch, wenn das Zahnfleisch zurückgeht und heiß und kalt richtig unangenehm ist. Deshalb hat sie kaltes Wasser vermieden. Es macht ihr Zahnschmerzen.«

Der Besitzer sieht mich erstaunt an. Natürlich ist es für ihn kein Problem, Rosl von nun an warmes Wasser zu geben, bis der Bach wieder eine angenehmere Temperatur hat. Meinem Ratschlag, nach ihren Zähnen schauen zu lassen, wird er ebenfalls nachkommen. Er hat eine schlimmere Nachricht erwartet als »schmerzempfindliche Zähne« und ist ganz erleichtert.

»Das ist alles?«, fragt er noch einmal.

»Das ist alles. Kleine Ursache, große Wirkung. Manchmal sogar riesengroße Wirkung!«

Darüber weiß ich Bescheid. Die kleine Ursache – ein Mann ohne Führerschein fährt ein Auto ohne Zulassung – hatte eine riesengroße Wirkung. Eine Wirkung, die ich auf Jahre hinaus nicht durchschauen konnte, die mich am Ende und über viele Umwege auch in Rosls Stall geleitet hat. Doch daran war noch nicht zu denken, als ich irgendwann nach der Verhandlung ein Schreiben erhielt. Dort stand, ich müsse mich vor Gericht verantworten.

Meine Kollegin und ich hatten aufgrund der erlittenen Verletzungen den Verursacher auf Schmerzensgeld verklagt. Dieses Verfahren landete vor der Zivilkammer des Amtsgerichts Passau. Meine Forderung lautete 2.500 DM für eine gebrochene Rippe. Bei dieser Verhandlung wurde von der Richterin die Rechtmäßigkeit unseres Verhaltens noch einmal bestätigt, und meiner Kollegin wurde ein Schmerzensgeld zugesprochen. Bei mir allerdings sah es anders aus. Der Mann, den wir dingfest gemacht hatten, forderte über seine Rechtsanwältin plötzlich ebenfalls Schmerzensgeld – und zwar von mir! Um genau zu sein, wollte er eine Summe von 11.000 DM haben. Das war ein cleverer Schachzug seiner Anwältin, weil damit der Fall vom Amtsgericht zum Landgericht wanderte. Bei der Amtsrichterin war klar gewesen, was sie von ihm hielt, schließlich war er sowohl im Straf- als auch im Zivilverfahren für schuldig befunden worden. Seine Anwältin setzte darauf, dass beim Landgericht die Karten neu gemischt werden würden. Dass sie einen guten Grund zu dieser Annahme hatte, ahnte ich, als ich sah, wer der Vorsitzende Richter der Zivilkammer war.

Um zu verstehen, warum dieses Schreiben für mich so einen gewaltigen Schock bedeutete, musste ich mir später immer wieder klarmachen, in welcher Gefühlslage ich mich damals befand. Seit ich ein junger Bursche war, hatte ich als Polizist den Menschen dienen wollen. Dafür setzte ich meine Gesundheit aufs Spiel, dafür gab ich alles, was ich hatte. Nach Wackersdorf, als wir von der Strauß-Regierung rücksichtslos verheizt worden waren, kündigte ich nicht tief frustriert wie viele Kollegen. Ich machte mich auch nie unsichtbar, wenn die ganz unangenehmen Fälle warteten. Und selbst wenn es eine gebrochene Rippe gab und eine Schädelverletzung, erschien ich gleich darauf wieder zum Dienst. Ich glaubte noch immer an Gerechtigkeit, und ich glaubte daran, dass der Staat durch seine Vertreter wie Richter und Staatsanwälte für diese Gerechtigkeit stand. Ich war nicht dagegen gewappnet, dass ein Richter die Gerechtigkeit mit Füßen tritt. In meiner Welt kam so etwas nicht vor.

Doch genau das geschah jetzt. Der Vorsitzende Richter am Landgericht und seine beiden Beisitzer sahen die Dinge anders. Ob es daran lag, dass er die Anwältin sehr viel besser kannte, als der Sache guttat, sei dahingestellt. Zumindest war bekannt, dass er Polizisten nicht mochte. Mich nicht, und meine drei Kollegen vom damaligen Einsatz, die nun als Zeugen fungieren mussten, auch nicht.

»Den Zeuginnen ist mehr Glauben zu schenken als den Polizeibeamten, weil diese sich erfahrungsgemäß in ihren Aussagen unterstützen«, sagte er.

Und: »Warum haben Sie sich so wichtiggemacht, wenn Sie sich nicht in der Lage gefühlt haben, den Einsatz ordnungsgemäß zu Ende zu bringen?«

Mich schockten solche Sätze, und weil sich der ganze Fall über zwei Jahre hinzog, wurde er mehr und mehr zu einem Schreckgespenst. Ich kam mir vor wie Gregor Samsa in der Erzählung von Franz Kafka: Eines Morgens wacht Gregor auf und hat sich in einen Käfer verwandelt. Was immer er tut, er findet keinen Weg aus diesem Alptraum. Genauso ging es mir. Nach jeder neuen Verhandlung, nach jedem Vorwurf, dass man der Polizei weniger Glauben schenken könne als zwei Zeuginnen, die wegen Meineids angeklagt waren, musste ich wieder meinen Dienst antreten und so tun, als wäre alles beim Alten. Das war es aber keineswegs. Ich begann immer mehr zu zweifeln: am Staat, vertreten durch diese nicht vertrauenserweckenden Richter, und an meiner Arbeit: Was geschieht, wenn ich wieder einen Trunkenbold am Steuer eines Autos ohne Kennzeichen erwische und er auf mich einschlägt? Darf ich ihn dann verhaften? Oder soll ich ihn besser laufen lassen? Ich kam mir vor wie der Torjäger eines Fußballclubs, der auf einmal das Tor nicht mehr trifft, weil er jegliches Vertrauen in seine Fähigkeiten verloren hat. Und jedes Mal, wenn er danebenschießt, wird die Sache noch schlimmer.

Im Lauf der Zeit wurde das Verfahren immer kafkaesker. Da ich im Auftrag des Freistaats Bayern tätig war, war es nicht möglich, mich zu verklagen. Das wusste die Anwältin und zog diese Klage zurück, sobald sie vor dem Landgericht gelandet war. Jetzt forderte sie das Schmerzensgeld nicht mehr von mir, sondern vom Freistaat Bayern. Auch minimierte sie die Forderung von 11 000 DM auf 1500 DM. In diesem Fall wäre zwar wieder das Amtsgericht zuständig gewesen, aber nicht dann, wenn die Sache schon einmal vor dem Landgericht verhandelt worden war. Was für eine Energieverschwendung, über solche Sachen nachdenken zu müssen! Aber das war der Fall, und mein Anwalt erläuterte es mir: wenn sie 11 000 DM fordern und vielleicht nur 1100 DM bekommen, dann haben sie nur zu zehn Prozent Recht bekommen. Und dann – so will es die Arithmetik eines Gerichtes – müssen sie zu 90 Prozent die Gerichtskosten bezahlen. Dann ist es schon wieder weg, das mit so viel billigen Tricks herausgepresste Schmerzensgeld.

Ich stöhnte, als ich mir das alles anhörte. Da draußen wartete meine Arbeit, und hier vergeudete ich meine Zeit. Ich arbeitete doch für den Freistaat Bayern – wie konnte sich der Freistaat so etwas bieten lassen? So drehten sich die Grübeleien immer wieder in meinem Kopf. Was für ein Unsinn das alles war! Nun musste ich mir von diesem Richter auch noch sagen lassen, wie dumm ich mich doch verhalten hätte, mit meinen schweren Verletzungen gleich wieder zum Dienst zu erscheinen. So schlimm wären sie vermutlich also doch nicht gewesen. Bei diesen Worten kam es mir vor, als ob die Rippe erneut brach und mein Schädel wieder gewaltig brummte. Als er dann seine Entscheidung verkündete, lachte der ganze Saal, denn es war tatsächlich eine Situation wie in Schilda: Ich bekam für meine Verletzungen 150 DM zugesprochen, während die blutende Nase dem Mann satte 1.000 DM einbrachte.

Dieter Hildebrandt hat einmal gesagt: »Es hilft nichts, das Recht auf seiner Seite zu haben. Man muss auch mit der Justiz rechnen.« Hätte ich es damals nur mit dem gleichen Humor sehen können. Das war aber nicht der Fall. An diesem Tag, in diesem Gerichtssaal, mit diesem Richter und seiner schrägen Sicht der Dinge, brach für mich mein gesamtes Weltbild zusammen. Das hatte gravierende Folgen. Der Freistaat Bayern verlor einen engagierten Polizisten. Das konnte er vielleicht verschmerzen. Ich aber verlor jegliche Lust aufs Leben. Ohnehin am Rande eines Abgrunds taumelnd, war ich nun bereit zum letzten Schritt. Es kam der Tag, an dem meine Familie über den Betrunkenen im Flur steigen musste. Es kam der Tag, an dem ich mir meinen Suizid in allen Details ausmalte. Es kam der Tag, an dem ich die Waffe in die Hand nahm und nur deshalb wieder weglegte, weil ich an die Reaktion meiner Söhne dachte. Und an Evis gewaltige Anstrengungen, den Laden zusammenzuhalten. Und an Girly, die mir immer wieder einen neuen Energieschub verpasste. Doch schon kam der nächste Tag, der mit blauem Himmel lockte, für mich aber nur noch schwarz aussah. Es kam ein Frühling mit Blumen, die ich gar nicht mehr sah. Es kam ein Tag, an denen mich Leute fragten: Was ist nur los mit dir, Manfred? Ich sah äußerlich ja gesund aus, das Leiden steckte in mir. Da entzündete sich meine Achillessehne, ich wurde operiert und brauchte sechs Wochen einen Gips. Als man ihn nach dieser Zeit wieder abnehmen wollte, bettelte ich um eine Verlängerung. Dieser Gips hatte meinem Leiden ein Gesicht gegeben, wenn auch eines, das man nur missverstehen konnte. Doch der Gips kam weg, und die Fragen kamen wieder: Stimmt etwas nicht mit dir? Na komm, so ein Kerl wie du steckt doch was weg! Nein, das war nicht länger der Fall. Es kam der Tag, an dem ich nichts mehr wegsteckte. Es kam der 30. April 2004.

Ein Arzt – wieder mal ein Arzt – schrieb mich krank. Und dann noch einmal und noch einmal und noch einmal bis 2007. In diesem Zeitraum ging es mir immer schlechter. Ich trank immer mehr, bis meine Frau schließlich sagte: »Ich kann nicht mehr. Wenn es so bleibt, werde ich dich verlassen.« Nach diesem Tag kamen viele weitere, an denen ich das eigentlich Unmögliche schaffte: den kalten Entzug ohne Vorbereitung und ohne ärztliche Betreuung. Dann kam der Tag, an dem ich sagen konnte: Hey, irgendwie kriegt du das hin. Du trinkst nichts mehr. Du bist trocken. Du kannst sogar deinem ignoranten Nachbarn ins Gesicht sagen: »Nie wieder Alkohol!« Trotzdem wusste ich, dass noch etwas fehlte. Ich wusste es, weil ich intensiv mit Girly arbeitete. Durch sie hatte ich erfahren, dass Neues nur kommen kann, wenn man das Alte gänzlich zurücklässt. All das war mir klar, aber ich war noch nicht bereit für den nächsten Schritt.

Dazu brauchte es noch die Nächte. In den Nächten bekam ich keine Luft mehr. Sauerstoffmangel, Panikattacken! Schlafapnoe sagten die Ärzte, das sind Atemstillstände im Schlaf, oft verursacht durch eine Rückbildung der Rachenmuskulatur, was auch zu Schnarchen führt. Ich schnarchte zwar nicht, wurde aber trotzdem vom Hausarzt in ein Schlaflabor überwiesen. Dort stellte man fest, dass ich nur eine Sauerstoffsättigung von 84 Prozent erreichte, und man legte mir daher eine Sauerstoffmaske an. In dieser Nacht erlitt ich eine Panikattacke und riss mir die Verkabelung und die Maske ab. Ich war mir sicher zu ersticken. Als ich die Ärzte am nächsten Morgen davon unterrichtete, erfuhr ich, dass sowohl die Kamera also auch die Überwachungsgeräte ausgefallen waren.

»Leider konnten wir gar nichts aufzeichnen«, sagten sie. Und so wurde ich mit der Diagnose Schlafapnoe und einem sündhaft teuren Beatmungsgerät wieder nach Hause geschickt. Ich war verzweifelt. Niemand wollte sehen, was wirklich Sache war. Und ich hatte doch so große Hoffnungen in das Schlaflabor gesetzt. Wieder setzte sich das Gedankenkarussell in Bewegung. Wollen sie dir nicht helfen? Oder bildest du dir das alles nur ein? Manfred, wirst du langsam verrückt? In dieser Zeit, als es nur noch schwarz um mich war, suchte ich noch einmal einen Arzt auf. Ich erzählte ihm, was ich zu erzählen hatte, ohne große Hoffnung, dass er anders reagieren würde als die Legionen von Ärzten vor ihm. Ich sollte mich täuschen. Als ich geendet hatte, sagte er: »Ich könnte mir vorstellen, dass hinter alldem etwas ganz anderes steckt«.

Dann machte er eine Pause, bevor er die entscheidende Frage stellte: »Wollen Sie darüber sprechen?«

Dr. Roman Hubertus ist weder Psychologe noch Psychiater, er ist Hals-Nasen-Ohren-Arzt. Und doch war er es, der die goldene Frage stellte, ob mir etwas auf der Seele lastet.

An diesem Tag sprach ich. Zögernd erst, stockend. Über einiges, was sich bei mir aufgestaut hatte. Noch lange nicht über alles, aber es reichte aus, damit er mich an Dr. Michael Bayer überwies. Er war ein Psychiater, was die nächste Hürde für mich bedeutete: Wenn ich zu dem gehe, redete ich mir ein, dann bin ich doch gebrandmarkt fürs ganze Leben. Da bin ich »hirndappig«, wie wir in Bayern sagen. Auch war ich mir sicher, dass mich dieser Mann auslachen würde. Ein g'standenes Mannsbild wie Sie beim Hirndoktor? Also wirklich! Natürlich tat Michael Bayer das nicht, ganz im Gegenteil. Nach unserem ersten Gespräch sagte er: »Ich kenne wahrlich wenig Leute, denen es so schlecht geht wie Ihnen. Wie haben Sie das nur ausgehalten? Ich möchte Sie in eine Klinik überweisen.«

»Ich kann nicht in eine Klinik!«, rief ich erregt. »Unmöglich, ausgeschlossen, das geht auf keinen Fall!«

Eine Klinik, die Klapse, das war doch hirndappig im Quadrat! Da wäre ich ja das Depperl, in den Augen der anderen vollkommen narrisch! Noch immer wollte ich den harten Hund in mir rauskehren. Frustriert kehrte ich nach Hause zurück. Doch meine Familie, meine Frau und meine Söhne, wussten viel besser, was gut für mich war.

»Geh hin, Papa«, sagten die Buben. Und Evi meinte: »Probier es wenigstens mal aus.«

Sie hatten Recht. Und so kam endlich der Tag, an dem ich die Parkklinik in Bad Kissingen betrat. Was soll ich sagen? Dort wurde ich weder zum Depperl abgestempelt noch als hirndappig angesehen. Stattdessen wurde dieser Tag zu einem der besten meines Lebens – dem noch viele weitere gute Tage folgen sollten.

13

Wer kämpft, kann verlieren.
Wer nicht kämpft, hat schon verloren.
Berthold Brecht

Das ist, was die Zuschauer sehen: Der Pferdeflüsterer beugt sich zum Ohr des Pferdes. Seine Lippen bewegen sich, er spricht ein paar Worte. Was, können die Leute nicht hören, aber offenbar versteht das Pferd alles. Es legt sich auf den Boden (die Pferdekundigen unter den Zuschauern wissen, Pferde machen das nur ungern). Der Pferdeflüsterer kniet sich daneben und schmiegt seinen Kopf an den Hals des Tieres. (Die Zuschauer denken: wie schön!, und die Pferdekundigen: Meines würde das nie zulassen!) Wieder spricht der Pferdeflüsterer einige Worte. Er erhebt sich und gleich darauf steht auch das Pferd wieder auf. Ganz ruhig steht es neben ihm. Nach dem Beifall sagen manche der Zuschauer: als ob die beiden ein Wesen sind.

Der Pferdeflüsterer bin ich, das Pferd ist Girly. Oft machen wir diese Nummer nicht, wir sind schließlich nicht im Zirkus. Nur wenn es mal darauf ankommt zu demonstrieren, was alles möglich ist, ganz ohne Druck und Gewalt. Fragen mich die Leute, was ich dem Pferd denn gesagt hätte, mache ich keine große Sache daraus.

Ein Zeichen größten Vertrauens: Girly legt sich freiwillig auf den Boden

»Ich sagte Girly, was sie tun soll«, antworte ich dann. »Aber glauben Sie ja nicht, dass sie meine Worte verstanden hat. Sie spricht kein Deutsch und schon gar kein Bayerisch.«

Dann lachen die Leute. Sticht mich der Hafer, und ich merke, die Stimmung ist gut, kann ich auch schon mal sagen: »Außerdem kenne ich die Telefonnummer vom Pferdemetzger, und Girly auch.«

Damit mache ich den Leuten klar: Es kommt nicht darauf an, was ich sage, es kommt darauf an, wie ich es tue. Viele Pferdebesitzer beschäftigen sich vor allem damit, was das Auge ihres Tieres kann. Sie wissen Bescheid über die beiden blinden Flecken, die dafür sorgen, dass ein Pferd erschrickt, wenn für den Reiter die vermeintliche Gefahr längst vorbei ist. Sie wissen, dass große Teile des Gesichtsfelds ihres Pferdes keine Tiefenschärfe aufweisen. Das kann allerlei Folgen mit sich bringen: Bei sonnigem Wetter hält so manches Pferd einen Schatten für ein Loch im Boden und versucht, darüber zu springen. Oft ist den Besitzern auch nicht bewusst, dass ihr Pferd nachts weitaus besser sieht als sie selbst. In der Wildnis war das einmal von Vorteil, in unserer Zeit kann es gefährlich sein. Scheinwerfer entgegenkommender Fahrzeuge beim abendlichen Ausritt können ein Pferd irritieren und zur Flucht animieren.

Wir Menschen beschäftigen uns mit dem Sehsinn intensiver als mit dem Hörsinn. Wir wurden Augenmenschen und erfassen unsere Umwelt vor allem durchs Sehen. Genießen wir Musik, ist das anders. Manche unter uns schließen sogar die Augen, wenn sie einem Konzert beiwohnen. Wir haben den Eindruck, besser zu hören, wenn wir die Sinneseindrücke durch das Sehen für ein paar Momente unterbinden.

Für mich war Musik immer sehr wichtig. Hören, zuhören, hinhören, lauschen, wahrnehmen wurden Begrifflichkeiten, die mein Leben prägten. Als Polizist musste ich mir vieles ansehen, was ich nicht sehen wollte. Gleichzeitig hörte ich den Menschen zu, und das tat ich gerne. Wie oft sich Zeugen mit ihrer Aussage »das habe ich so gesehen« täuschten, kann ich gar nicht wiedergeben. Hatten sie etwas gehört, lagen sie meistens richtig.

Vor einigen Jahren stieß ich auf die Bücher und CDs von Joachim-Ernst Berendt. Viele kennen ihn als Mitgründer des Fernseh- und Radiosenders Südwestfunk oder als »deutschen Vater des Jazz«. Seine Werke wurden in zwei Dutzend Sprachen übersetzt, sein Jazzbuch avancierte zum Standardwerk in der ganzen Welt. Für mich war der im Februar 2000 verstorbene Behrendt vor allem der Mann, der dem Wunderwerk Ohr und der Magie des Hörens einen gebührenden Raum verschaffte. *Ich höre, also bin ich*, *Das Dritte Ohr*, *Vom Hören der Welt* nannte er seine Werke. Darin weist er nach, wie viel reicher uns die Welt erscheint, wenn wir die vielfältigen Klänge um uns herum wahrnehmen.

»Wir baden in Klang«, schrieb er und meinte damit auch alle scheinbar unhörbaren nicht wahrnehmbaren Tonfarben, die zwar auf einer für unseren Hörsinn nicht hörbaren Frequenz schwingen, doch für andere Sinnesrezeptoren wie die Haut wahrnehmbar sind. Der Publizist Arnold Graf Keyserling schrieb daher zu Recht: »Niemand in unserem Jahrhundert ist so tief in das Wunder des Hörens eingedrungen wie Joachim-Ernst Berendt.«

Warum ich das erzähle? Die Sache liegt auf der Hand: Der Pferdeflüsterer verständigt sich mit Pferden ebenfalls auf Frequenzen, die vom Hörsinn oder vom dominanten Sehsinn nicht so einfach wahrgenommen werden können. Pferden, diesen wunderbaren Tieren, mit denen ich tagtäglich arbeiten darf, genügen jedoch kleinste Schwingungen, um mich zu verstehen. Selbst ein 600-Kilogramm-Warmblüter voller Energie, ein Kraftbolzen erster Güte, nimmt die zartesten Frequenzen wahr, mit denen ich mich an ihn wende. Meine eigentliche Arbeit ist getan, wenn sein Besitzer später weiß, dass sein Tier dazu in der Lage ist, feinnervig sensible Botschaften zu verstehen. Es braucht also weder Lärm noch die Gerte noch Gewalt, es braucht nur das Hinhören.

Das Hinhören auf meine eigenen Sorgen und Nöte musste ich auf schmerzhaftem Weg erst lernen. Lange Zeit, viel zu lange Zeit, habe ich nicht auf mich gehört. Die innere Stimme, die immer zu uns spricht, die sich aber oft nicht bemerkbar machen kann, weil wir viel zu laut sind, die musste ich erst wahrnehmen lernen. Girly, viel größer und stärker als ich, machte mich darauf aufmerksam. Als wollte sie sagen, Manfred, es geht auch, wenn du alles mal um die Hälfte runterfährst. Um dann mit einem Augenzwinkern hinzuzufügen: Und weil du es bist – fahr doch danach alles gleich nochmals um die Hälfte runter. Die Hälfte der Hälfte, dachte ich, da bleibt ja kaum noch was übrig. Das war falsch gedacht. Wir werden nicht weniger wahrgenommen, wenn wir leiser auftreten. Wir werden auch nicht weniger wahrgenommen, weil wir darauf verzichten, das letzte Wort haben zu wollen. Wir werden nicht weniger wahrgenommen, wenn wir das »Fühlen« in unseren Alltag integrieren. Ganz im Gegenteil. Unser Charisma, unsere Ausstrahlung, wird schnell wachsen. Pferde, die sensiblen Partner unseres Lebens, merken das gleich. Da sie immer auf der Suche nach dem »guten Chef« sind, nach einem Menschen, der Ruhe und Sicherheit garantiert, werden sie sich entsprechend verhalten.

Girly zeigte mir diesen Weg, weil sie Ungerechtigkeiten nicht mag. Einen besseren Spiegel als sie hätte ich gar nicht haben können. Ungeduld geht ihr völlig gegen den Strich. Auch in dem Bereich war und ist sie mir eine wunderbare Lehrmeisterin. Obwohl ich sie als völliger Anfänger übernahm, wollte ich nicht nur Spaziergänge mit ihr machen und sie beobachten. Ich wollte auch reiten. Dazu sollte sie sich als Erstes daran gewöhnen, dass sich etwas auf ihrem Rücken befindet. Aus diesem Grund legte ich ihr immer wieder ein Sattelpad auf, was sie vollkommen gelassen zuließ. Die Ungeduld pfupferte mich, wie wir in Bayern sagen, aber Girly machte mir klar: Ein Schritt nach dem anderen, und bitte alles mit Maß und Ziel. So gingen die Monate ins Land, während Girly sich für eine immer längere Zeit an das Sattelpad gewöhnen konnte. Irgendwann stieg ich auf einen Hocker und legte meinen Oberkörper auf ihren Rücken. Dazu machte ich mich erst ganz leicht. Als ich merkte, dass auch das möglich war, verlagerte ich immer mehr Gewicht auf sie. Das alles machten wir im Stall oder auf der heimischen Koppel. Auf einem unserer Spaziergänge kam ich auf die Idee, die Sache mit dem Gewichtstraining auch mal außerhalb der gewohnten Umgebung auszuprobieren. Okay, ich hatte keinen Hocker dabei, aber schließlich war ich sportlich, warum sollte ich also nicht einfach aufspringen. Heute bin ich mir sicher, dass meine innere Stimme sagte: Manfred, lass das sein. Zügle deine Ungeduld. Die Idee ist gut, aber warte bis zum nächsten Spaziergang, dann suchst du dir eine geeignete Stelle mit einem Baumstumpf. Ebenso sicher bin ich mir, dass Girly diese innere Stimme ebenfalls wahrnahm – irgendwo in einem Frequenzbereich, den wir noch nicht benennen können, den die Quantenforscher mittlerweile aber mit großem Interesse unter die Lupe nehmen. Wenn ich Recht habe, spürte sie den Zweifel meiner Intuition, während ich selbst viel zu aufgeregt war, um darauf zu hören. Ich sprang und landete viel weiter vorne als geplant auf dem Widerrist von Girly. Etwas knackte, und ich spürte einen höllischen Schmerz im linken Brustbereich. Sofort blieb mir die Luft weg, was für mich ohnehin immer eine dramatische

Situation bedeutete. Wieder einmal fuhr mir der Gedanke durch den Kopf: »Du hast dir eine Rippe gebrochen!«

Zum Glück blieb Girly regungslos stehen. Wäre sie jetzt durchgegangen, hätte ich keine Chance gehabt. Aber sie schien zu spüren, was mir widerfahren war. Langsam glitt ich von ihrem Rücken. Ich konnte kaum aufrecht stehen. Vorsichtig nahm ich sie am Führstrick, und wir liefen zurück zum Stall. Auch auf diesem Marsch ging sie so behutsam wie jemand, der weiß, was gerade angesagt ist. Nachdem ich Girly im Stall untergebracht hatte, stieg ich stöhnend in mein Auto und fuhr ins Krankenhaus. Meine Vermutung war richtig gewesen: Die Rippe war gebrochen.

»Du hast einen langen Weg vor dir, wenn du etwas mit den Pferden erreichen willst«, sagte ich leise zu mir. Ich hätte aber auch sagen können: »Du hast einen langen Weg vor dir, wenn du etwas mit dir erreichen willst.«

Sowohl Menschen als auch Pferde können an einer Depression leiden. Die Ursache dafür ist häufig, dass sie sich unverstanden fühlen. Daraus resultiert ein Minderwertigkeitsgefühl: Ich bin nichts wert. Ich habe kein Recht, auf dieser Welt zu sein. Ich bin nur da, um anderen Probleme zu bereiten. Wir Menschen können diese Emotionen in Worte fassen, ein Pferd kann das nicht. Aber das Gefühl ist bei ihm gleichwohl vorhanden.

Bis zu dem Zeitpunkt, als ich die Tür zur Parkklinik in Bad Kissingen öffnete, hatte ich immer das getan, von dem ich glaubte, dass es meinen Eltern gefällt. Diesen Eltern, die mich angeblich verlassen hatten, weil sie mich als Kind allein in der Klinik zurückließen, wollte ich unbedingt gefallen. Dabei fragte ich niemals: »Was würde euch an mir gefallen?« Ich nahm einfach etwas an und lag auch dabei nicht richtig. Dazu kam, dass nach meinem Empfinden mein Bruder immer sehr viel mehr wert war als ich. Deshalb eiferte ich ihm nach in allen denkbaren Lebensbereichen. Ich versuchte, sein Leben zu leben anstelle von meinem.

Die Reise nach Jerusalem ist ein Spiel, für das man Stühle in zwei Reihen aufbaut, mit der Sitzfläche nach außen. Es können so viele Leute mitspielen, wie sie wollen, wichtig ist nur: Es gibt einen Stuhl weniger als Mitspieler vorhanden sind. Dann laufen alle um die Stühle, und auf ein Zeichen setzen sie sich. Was passiert? Klar, einer wird übrig bleiben. Der, der keinen Stuhl erwischt hat. Das ist eine lustige Sache, meistens mit viel Gelächter verbunden. In meinem Fall kam das Lachen zu kurz. Denn mein Leben lang spielte ich die Reise nach Jerusalem.

Meine Therapeutin Cornelia Rieger sagte einmal: »Sie haben einfach nicht bemerkt, dass der Stuhl, auf den sie sich setzen wollten, schon besetzt ist. Und wenn ein Stuhl frei war, haben Sie ihn nicht gesehen.«

Dreimal war das anders: als ich Evi heiratete. Als ich Girly sah und wusste, wir gehören zusammen. Und als ich das Monster der Angst überwand und die Therapie begann. Da sah ich die freien Stühle, da setzte ich mich, da war es gut.

»Wissen Sie«, sagt der Mann am Telefon, der sich als Theodor aus Sankt Blasien vorgestellt hat, »den Simon haben wir in der Hoffnung gekauft, endlich mal ein leicht zu händelndes Ausreitpferd zu haben. Und jetzt ...«

Das »und jetzt« hängt in der Luft und drückt jede Menge Enttäuschung und Frustration aus. Da hat jemand die Rechnung ohne den Wirt gemacht, denke ich. Simon, ein zehnjähriger Schwarzwälder-Fuchs-Wallach, ist ein sogenanntes Kaltblutpferd. Auch ein Laie kann sich anhand der Bezeichnung leicht ausmalen, dass diese Art von Pferden nicht so schnell aus der Ruhe zu bringen ist. Sie wurden – und werden heute wieder – in waldreichen Gebieten als Arbeitspferde eingesetzt. Sie sind stark und genügsam, und sie bringen ordentlich Gewicht auf die Waage. Bei Simon sind es immerhin 900 Kilo – was zum Problem wird, wenn das Pferd nicht tut, was der Mensch will.

»Was macht er denn so alles?«, frage ich.

»Er lässt sich nicht führen. Nicht mal auf die Weide. Geht ihm was nicht schnell genug, reißt er sich los. Egal, ob ihm da jemand im Weg steht oder nicht. Sie können sich vorstellen, was das bedeutet.« Theodor machte eine Pause. »Außerdem tritt er nach dem Losreißen nach dem Mensch, der ihn geführt hat.«

Das ist heftig, denke ich. Ein Kaltblutpferd, dem es nicht schnell genug geht. Das also ungeduldig ist. Das ist doch genau mein Metier! Auch wenn Theodor im Hotzenwald lebt, nahe der Schweizer Grenze, ist mir der Weg dorthin keinesfalls zu weit. Ich liebe diese Fälle der ungestümen Anspannung. Es erinnert mich so schön an mein Leben früher.

Der Hotzenwald ist auch heute noch eine sehr ursprüngliche Gegend. Simons Besitzer erzählt mir, dass man den Leuten von hier einen gewissen Obrigkeitszweifel nachsagt. Hier fanden im 18. Jahrhundert die Salpetererunruhen statt, das erste Aufbegehren nach demokratischen Verhältnissen in deutschen Landen. Noch früher, erzählt er mir, im Bauernkrieg, nahm der Bauernanführer Hans Müller von Bulgenbach den ganzen Hegau, die Baar und selbst die als uneinnehmbar geltende Festung der Fürstenberger im Handstreich ein.

»Die Bauern sind aufgestanden, nicht um Herren ein-, sondern abzusetzen«, soll er gesagt haben, wenn er im roten Mantel und mit rotem Barett an der Spitze des Zierwagens ging, der von vier Pferden gezogen wurde, und auf der vielleicht zum ersten Mal in der Geschichte die uns heute wohlbekannte schwarz-rot-goldene Fahne auftauchte.

Der Mann und ich verstehen uns von Anfang an. Mit Simon verhält es sich allerdings anders. Kaum nehme ich den Strick, dreht er sich und schlägt nach mir. Ich kann mich gerade noch wegducken. Wenn ein 900 Kilogramm schweres Pferd ausschlägt, sollte man besser auf der Hut sein.

Nichtsdestotrotz gefällt mir, was er tut, auch wenn es nicht im Sinne des Erfinders ist. Simon hat eine ganz eigene Technik entwickelt, die es völlig unmöglich macht, ihn zu halten. Ich habe eine acht Meter lange Longe, die ich bei den Pferden meiner Kunden einsetze, um leichte Führübungen zu demonstrieren. Will ich Simon damit von links führen, nimmt er seinen Kopf nach rechts und nimmt damit die Kraft der Hebelwirkung von der Longe. Auf diese Weise kann er sich dreimal losreißen. Jedes Mal läuft er in seinen Stall zurück, jedes Mal hole ich ihn zurück. Für Theodor ist die Sache klar.

»Der ist ein echter Hotzenwälder Sturkopf«, sagt er resigniert. »Wenn er selbst bei dir nicht spurt.«

Mir ist auch klar, dass ich mir bei Simon etwas einfallen lassen muss. Doch glaube ich nicht, dass er wie dieser Hans Müller von Bulgenbach nach Freiheit giert oder einfach nur eine coole Socke ist, der den Menschen gerne vorführt, was es bei Pferden durchaus geben kann. Mir kommt er vielmehr extrem reizempfänglich vor – wie einer, der ständig auf seine Umgebung reagieren muss. Vielleicht kann ich das sehen, weil ich in meinem alten Leben genauso war: ständig auf der Suche nach einem freien Stuhl und dabei vor lauter Hast nur besetzte Stühle wahrnehmend. Ich möchte das Theobald erklären. Weil wir bei ihm zuhause im Hotzenwald sind, wähle ich Worte, die zu dieser Umgebung gut passen.

»Weißt du was«, sage ich. »Dein Simon sieht vor lauter Bäumen den Wald nicht mehr. Deshalb ist er so nervös.«

Er hat das Gefühl, die ganze Last der Verantwortung tragen zu müssen. Und dem möchte er sich durch Flucht entziehen. Wie gut ich ihn verstehen kann, schließlich war ich auch schon in dieser Situation. Daher gehe ich zum Wagen und hole meinen Flatterstab. Das ist ein ganz einfaches Hilfsmittel, um aggressive Pferde von sich wegzuhalten, phlegmatische Pferde aufzuwecken oder ängstliche Pferde zu desensibilisieren: An einem Stock oder einer Gerte wird eine Plastiktüte befestigt. Nun setze ich diesen Flatterstab ähnlich ein wie ein Dirigent seinen Dirigentenstab. Ich muss das Pferd in den meisten Fällen gar nicht damit berühren. Je nach seinem Verhalten scheut es vor ihm zurück, bringt seine Sinne wieder zusammen oder verliert seine Angst.

Bei Simon geht es darum, diese 900 Kilogramm geballte Kraft und Energie zu stoppen. Da Pferde Formenseher sind, also minimale Veränderungen im Raum wahrnehmen können, und dazu über ein gutes Gehör verfügen, erhoffe ich mir davon einiges. Als Simon wieder durchstarten will, lasse ich den Flatterstab durch die Luft sausen, und es zischt laut dabei. Sofort wendet er den Kopf nach links, um nach dem vermeintlichen Feind Ausschau zu halten. Als nun der acht Meter lange Führstrick zu Ende ist, reichte meine Kraft über die Hebelwirkung aus, um ihn zu stoppen.

Plötzlich steht er mir gegenüber und kann überhaupt nicht fassen, was gerade geschehen ist. Er war gewohnt, dass nichts und niemand ihn halten kann, und nun steht da der zehnmal leichtere Mensch und hat ihn aus dieser Entfernung mitten im Lauf angehalten. Simon ist so verblüfft und gleichzeitig so beeindruckt, dass er sich, wie mir Theobald später erzählt, von dieser Minute an nie wieder losgerissen, geschweige denn nach jemandem getreten hat. Das Einzige, was ich dafür tun musste, war: Ihm klarzumachen, dass der Mensch ihm die Verantwortung abnimmt, von der er sich überfordert fühlte, weshalb er mit Aggression reagierte. Und da Theobald anschließend in der Lage ist, diesen Teil der Partnerschaft zwischen Mensch und Pferd auszufüllen, ist Simon mittlerweile zu diesem angenehmen Ausreitpferd geworden, das sich sein Eigentümer so sehnlich gewünscht hat.

Als ich zum ersten Mal die Parkklinik in Bad Kissingen betrat, fühlte ich mich genau wie Simon: immer in der Verantwortung für Dinge, die ich nicht zu verantworten hatte. Hatte es an mir gelegen (und an den Tausenden Kollegen, die ebenfalls im Einsatz waren), dass sich die damalige Regierung das unsinnige Projekt Wackersdorf hatte einfallen lassen? Nein, natürlich nicht, aber wir mussten es verteidigen, während sie Sonntagsreden hielt. War ich dafür verantwortlich, wenn ein junger Bursche sich daran versuchte, mit 200 Kilometern in der Stunde über eine Bundesstraße zu rasen und dabei das überholende Auto auf der Gegenspur übersah? Nein, aber als ich seiner Mutter die Todesnachricht überbrachte, fühlte ich mich so. Musste ich mitleiden, wenn ein Vater jahrelang seine Tochter missbrauchte und sie dadurch in den Suizid trieb? Nein, ich kannte diese Leute gar nicht, und trotzdem tat ich es. Wie der 900-Kilo-Koloss Simon fühlte ich mich verantwortlich, und wie dieses Pferd war ich damit überfordert. Nur weil ich auch so eine Art Kaltblutpferd war – mit meinem unter Ärzten berühmt gewordenen Puls von 50 Schlägen in der Minute –, konnte ich das so lange aushalten. Das hätte die richtige Antwort auf Michael Bayers Frage sein können, als er den Wunsch äußerte, mich in eine Klinik zu überweisen. Allein, ich kannte damals die Antwort noch nicht.

Im übertragenen Sinne setzten die Therapeuten in der Klinik ebenfalls auf die Wunderkraft des Flatterstabes. Sie konfrontierten mich mit Themen, mit denen ich mich noch nie zuvor auseinandergesetzt hatte. Wie Simon war auch ich jeden Tag aufs Neue verblüfft und beeindruckt. Da saß ich vermeintlich harter Hund im Stuhlkreis nur mit Frauen, und jede von ihnen war ein Missbrauchsopfer. Sie hätten allen Grund der Welt gehabt, auf mich, den einzigen anwesenden Vertreter der Männerwelt, eine Stinkwut zu haben. Hatten sie aber nicht. Weil sie trotz ihres schweren Schicksals bereits wussten, was ich noch nicht wusste: dass ich nicht dafür verantwortlich war.

Man spricht vom »Verzicht auf Autonomie«, wenn ein Mensch versucht, ständig für andere da zu sein, um sich Anerkennung zu sichern. Einmal wollte eine Bekannte etwas Nettes zu mir sagen und meinte: »Hätten nur noch mehr Leute deine Erkrankung, da ging's der Welt besser.« Das stimmt aber nicht, denn wer auf seine Autonomie verzichtet, bleibt früher oder später auf der Strecke.

Cornelia Rieger brachte es mir ihrem Satz: »Sie füttern die Seelen der anderen, aber Ihre eigene lassen Sie verhungern«, viel besser auf den Punkt.

Vor meinem Klinikaufenthalt hatte ich nicht an die Existenz einer Seele geglaubt – obwohl ich mir schon darüber den Kopf zerbrach, was Girly in mir ausgelöst hatte. Den Ausdruck »wir beide sind seelenverwandt« aber hätte ich nicht in den Mund nehmen können, eben weil ich nicht glaubte, dass ich eine Seele besitze. Dabei sprach diese ständig deutliche Worte, auch zu meinem Körper. Irgendwann sagte sie: »Auf mich hört er nicht, vielleicht hört er auf dich.«

Und mein Körper antwortete: »Ich werde krank werden. Dann wird er auf dich hören.«

Wer die eigene Seele verhungern lässt, lädt eine Gattung Mensch in sein Leben ein, die seine Lebenssituation bestens auszunutzen weiß. In der Klinik hörte ich zum ersten Mal den Begriff, der solche Leute passend umschreibt: Energievampire.

Diese Energievampire sind überall in unserem Leben. Sie sind meist lustlos, desinteressiert, aggressiv und treten als Nervensägen, Choleriker, Giftzwerge, Jammerlappen, Besserwisser, Machtmenschen oder Angsthasen auf. Sie rauben durch ihr Verhalten die Energie anderer Menschen, sie sorgen für Stress, und sie haben ein ausgezeichnetes Gespür für unsere Schwächen.

Für mich als vormals harten Hund gehörte dieser Schritt zu einer der wichtigsten Lernaufgaben: Mir überhaupt darüber klar zu werden, was meine Schwachstellen sind. Dass ich überhaupt welche habe und auch haben darf!

Der Ausdruck »Energievampire« spielt mit alten Mythen und Volksmärchen. Seit Menschen sich Geschichten erzählen, tauchen diese Vampirgestalten auf. Im fast 2000 Jahre alten jüdischen Talmud wird Lilith erwähnt, die nach dieser Schrift noch vor Eva die erste Frau Adams gewesen ist. Lilith – hebräisch bedeutet ihr Name »die Nächtliche« – gilt als erste Vampirin der Menschheitsgeschichte. Auf dem indischen Kontinent erzählt man sich seit Urzeiten von den Pisachas. Sie werden in der Atharvaveda beschrieben, einer Textsammlung des Hinduismus, deren Alter auf über 4000 Jahre geschätzt wird. Die Ch'lang Shih sind in China zuhause, die Danag auf den Philippinen. Adze ist ein Vampirgeist der Ewe, einem Stamm im Südosten Ghanas, während die Anuika im fernen Sibirien beheimatet sind. Die albanischen Kukuth sind so mächtig, dass sie kein Tageslicht scheuen. Und wer kennt nicht Graf Dracula oder den berühmtesten Vampir deutscher Prägung: In Wilhelm Hauffs Märchen *Das kalte Herz* tauscht der Schwarzwälder Köhler Kohlenmunk-Peter beim Waldgeist Holländer-Michel sein Herz gegen einen kalten Stein ein. Daraufhin erlöschen alle seine Gefühle, und der durch den Handel gewonnene Reichtum kann diesen Verlust nicht aufwiegen. Auch Joanne K. Rowling griff in den *Harry-Potter*-Romanen dieses Motiv auf: Da saugen vampirähnliche Dementoren ihren Opfern das Glück aus.

Durch meinen Verzicht auf Autonomie und meinen täglichen Umgang mit Energievampiren, die mir das Glück aussaugten, war ich an einem Punkt angekommen, wo es nur noch Girly hin und wieder einmal gelang, einen Funken Lebensfreude in mir zu entzünden. Während dieser Zeit war sie mein Rettungsanker. Wenn ich nun darüber schreibe, fällt mir nur ein Wort ein, das meine Gefühlswelt angemessen zum Ausdruck bringt. Dieses Wort heißt »Danke«.

14

Dankbarkeit ist das Gedächtnis des Herzens.

Jean-Baptiste Massieu

Meine Geschichte mit Girly ist eine Entwicklungsgeschichte. Lasse ich sie wie einen Film vor meinem geistigen Auge ablaufen, stoppt er an immer denselben Stellen. Das sind die, an denen mir Girly Wesentliches beigebracht hatte. Unsere Lehrzeit begann so richtig zwei Monate, nachdem ich sie gekauft hatte. Ich fühlte mich damals verpflichtet, mit meiner Familie in Urlaub zu fahren, obwohl für jemanden, der an einer Depression erkrankt ist, allein das Wort Urlaub massiven Stress bedeutet. Als er endlich vorbei war – die Betonung lag in diesen dunklen Tagen tatsächlich auf endlich, die Zeit war mir wie eine halbe Ewigkeit vorgekommen –, fuhr ich sofort zu Girly. In unseren ersten Wochen war sie gleich zum Tor der Weide gelaufen, sobald sie auch nur den Motor meines Autos vernahm. Das hatte mich mit Glück erfüllt und gleichzeitig mit einem Gefühl von Stolz: Wow, mein Pferd erkennt den Sound meines Autos. Ist das nicht toll?

An diesem Tag zeigte sie sich nicht. Keine Girly weit und breit. Was ist da los?, fragte ich mich. Na gut, wenn der Berg nicht zum

Propheten kommt, muss der Prophet eben zum Berg gehen. Und so stapfte ich auf die Weide und hielt nach ihr Ausschau. Da war sie auch, sie stand bei ihrem Pferdekumpel und würdigte mich keines Blickes. Als ich rief, drehte sie den Kopf und sah mich an, machte aber keinerlei Anstalten, zu mir zu kommen. Ich rief noch einmal, die Reaktion war dieselbe. Also marschierte ich auf sie zu, doch was tat sie? Sie rannte weg! Himmel nochmal, das war ja noch nie passiert! Ich durchlief alle Arten von Emotionen. Zunächst war ich verwirrt. Danach erstaunt. Dann verärgert, aber so was von verärgert! Schließlich schlug der Ärger in Enttäuschung um. Wie ein versetzter Liebhaber murmelte ich: »Also wenn du nicht willst, kannst du mich gern haben«, machte auf dem Absatz kehrt, stieg ins Auto und fuhr nach Hause. In dieser Nacht schlief ich noch schlechter als gewöhnlich, obwohl ich mit ein paar Frustbieren mehr gehörig nachgeholfen hatte.

Warum diese Reaktion?, fragte ich mich. Unsere Pferd-Mensch-Beziehung hatte sich doch so schön entwickelt. Die einzige Antwort, die mir einfiel, lautete: »Klar, Girly ist sauer, weil du eine Woche in Urlaub warst und dich nicht um sie gekümmert hast.«

Natürlich fühlte ich mich gleich wieder in der Verantwortung, so wie ich mich auch in der Verantwortung gefühlt hatte, trotz meiner Depression in den Stressurlaub zu fahren. Mein Verzicht auf Autonomie war vollständig, meine Bereitschaft »Nein« zu sagen – und zwar nicht aus Trotz, sondern aus selbstliebender Ehrlichkeit –, war gar nicht vorhanden. Am nächsten Morgen klagte ich Evi mein Leid, und wie immer hatte sie die richtige Idee. »Lass uns heute Abend einfach nochmal hingehen. Zusammen.«

Das taten wir. Außerdem nahm ich einen Ball mit. Als wir aus dem Auto stiegen, entfuhr mir der Satz: »Siehst du? Wie ich es dir gesagt habe. Die ist stinksauer!«

Denn auch jetzt war zunächst einmal nichts von Girly zu sehen. Dann wiederholte sich das Spiel von gestern. Wir betraten die Weide, sie schaute nicht mal her. Wir näherten uns ihr auf fünfzig Meter, sie machte Anstalten wegzulaufen. Doch anders als gestern verlor ich mich nicht im Trotz. Wie zwei ausgelassene Kinder begannen Evi und ich Ball zu spielen. Hin und her ging es, während ich aus dem Augenwinkel Girlys Reaktion beobachtete. Nach ein paar Minuten hob sie den Kopf und begann, unser Treiben zu beäugen. Nach ein paar weiteren Minuten setzte sie sich in Bewegung und trottete langsam auf uns zu. Nun musste ich doch lächeln, denn ihr Muskelspiel drückte aus: »Hey, was macht ihr da – aber glaubt ja nicht, dass mich das interessiert.« Oh, wie gut ich diese Polarität der Gefühle doch kannte! Als sie noch zehn Meter von uns entfernt war, beendeten Evi und ich abrupt das Ballspiel. Wir wendeten uns ab und verließen die Weide, ohne ihr einen weiteren Blick zu schenken. (Was mir, das bekenne ich, nicht leichtfiel!). Im Auto sah ich dann Girly am Tor stehen – genau dort, wo sie mich bisher immer erwartet hatte. Sie wirkte in diesem Moment einfach nur verdutzt.

Am nächsten Tag konnte ich es kaum erwarten, zum Hof zu fahren. Zugegeben, das ging mir jeden Tag so, aber heute war ich besonders kribbelig. Wie würde Girly reagieren? Auf dem Weg schloss ich mit mir selbst eine Wette ab – und ich gewann! Denn Girly stand am Tor, wie ich es erwartet hatte, und wieherte, als ich aus dem Wagen stieg.

Ein Pferd mit seinen eigenen Waffen zu schlagen ist eine Strategie, die ich in meiner Praxis als Pferdeflüsterer häufig anwende. Damals war es das erste Mal, und ich musste mir erst einmal darüber klar werden, was ich aus Girlys Verhaltensweise hatte lernen dürfen. Die Annahme, sie sei sauer auf mich, war schlichtweg falsch. Menschen sind sauer auf Menschen, aber nicht andersherum. Trotzdem: Es ging um Aufmerksamkeit. In der Woche meiner Abwesenheit hatte sie diese nicht wie gewohnt von mir erhalten, und das ließ sie mich instinktiv spüren. Stirbt in einer in der

Wildnis lebenden Herde eines der Tiere, können sich die anderen keine lange Trauerzeit erlauben, weil das ihr eigenes Überleben gefährden würde. Ich war weg gewesen, und Girly hatte mich einfach abgehakt. Das ist die richtige Schlussfolgerung. So hart das für mich auch klingen mochte als ihr vermeintlich bester Freund, so einfach war es. Um wieder Zugang zu finden, musste ich ihr nicht mehr Aufmerksamkeit schenken, sondern weniger. Denn diese ist sowohl bei uns Menschen als auch bei den Tieren ein wichtiger Belohnungsfaktor.

Damals noch nicht, aber später kam mir die Einsicht: Zieht sich dieser Fall nicht auf ganz ähnliche Art und Weise durch deine eigene Lebensgeschichte? Hast du dir als kleiner Junge nicht ständig mehr positive Aufmerksamkeit gewünscht? Und hast sie nicht bekommen, zumindest nicht in dem von dir verlangten Maß? Also hast du es mit Krankheiten probiert, denn wer krank ist, wird normalerweise mit Aufmerksamkeit geradezu überschüttet. Bei dir ging das allerdings in die Hose, weil deine Eltern dich nicht besuchen durften, da in den Krankenhäusern damals noch ein hartes Regime herrschte. Ganz schön Pech gehabt, Junge! Die einzige Aufmerksamkeit, die man dir in den Kliniken angedeihen ließ, waren Spritzen, Schmerzen und Ohrfeigen, wenn du ausgebüchst bist. Diese Art von Aufmerksamkeit wolltest du aber nicht haben, und daher hast du die Sache mit den Krankheiten irgendwann sein lassen. Doch später, viele Jahre später, du warst längst erwachsen, da hast du gemerkt, verflixt und zugenäht, auf einmal funktioniert das wieder. Du hattest diesen brutal harten Job und bist darin seelisch verkümmert, und da bist du erneut krank geworden. Und wie bei einem magischen Trick bekamst du jetzt die wunderbarste Aufmerksamkeit der Welt. Die Krankenhaus-Regeln hatten sich inzwischen geändert. Außerdem warst du ein Polizist, da kümmert sich das Personal gleich noch ein wenig mehr. Selbst die Besuchsmöglichkeiten waren inzwischen den moder-

Auf »Traumpferd« Girly ist auch beim Reiten Verlass

nen Zeiten angepasst. Du hast gemerkt, es funktioniert prima, und deshalb bist du süchtig nach Krankheiten und Operationen geworden.

Wenn ich heute also sagen kann, Girly habe sehr viel zu meinem Heilungsprozess beigetragen, dann meine ich nicht nur die positiven Impulse, die sie mir bei jedem Zusammensein während der langen dunklen Zeit schenkte, sondern auch die Einsichten in der Reflektion meiner Krankheit.

Dazu gehörten Aspekte wie die Sucht nach Aufmerksamkeit, aber auch unsere Übereinstimmung bei etwas, das wir landauf, landab als Siegeswillen bezeichnen. So kam es einmal, kurz vor meinem Aufenthalt in der Parkklinik Heiligenfeld, dass wir einen Ausritt mit Stallkollegen unternahmen. Girly wurde aufgrund ihrer Verlässlichkeit mittlerweile als »das Traumpferd« bezeichnet. Bei Ausritten in größeren Gruppen ist es von Vorteil, so ein Verlasspferd dabeizuhaben. Mit von der Partie war auch Gaby, eine junge Frau, von der wir alle wussten, dass sie sehr gut, aber auch sehr schnell ritt. Nach einer Stunde gemächlichem Ausritt stach sie der Hafer.

»Manfred«, rief Gaby mir zu. »Lass uns doch ein Wettrennen machen! Wer schneller ist, dein Pferd oder meines, du oder ich!«

In einer Herde geht es immer auch um Rangordnung, und der Ausritt in einer größeren Gruppe ist gleichbedeutend mit so einer Herde. Daher war schon klar, auf was sie eigentlich hinauswollte: Ich hatte den Ruf, im Umgang mit Pferden äußerst vernünftig und bedächtig zu sein, dazu besaß ich dieses Traumpferd … kurz gesagt, Gaby wollte mich herausfordern. Schon bald würden wir eine weitflächige Wiese erreichen, leicht ansteigend, trocken und frisch gemäht – ideal für einen flotten Wettlauf über gut einen Kilometer.

»Nein, nein«, wiegelte ich ab. »Lieber nicht.«

Dabei stach mich ebenfalls der Hafer. Sätze wie: »Der Zweite ist immer der erste Verlierer« oder »Ich will Erster sein, denn wer erinnert sich schon an den Zweiten?« kamen mir stets leicht von den Lippen. Auch das ist eine Form von Autonomieaufgabe: vor lauter Verantwortungsgefühl nicht mehr das zu tun, worauf man so richtig Bock hat! Doch mal »alle Fünfe grade sein zu lassen« verwehrte ich mir, und ich verwehrte es auch Girly. Sie musste Schritt gehen, während die anderen mit großer Lust und viel Gejauchze den Berg hinaufgaloppierten. Dabei wurde sie immer hibbeliger, als wollte sie sagen: »Hey, Alter, das ist jetzt nicht dein Ernst! Lass uns nicht als Letzte durchs Ziel gehen. Merkst du nicht, dass das Spaß macht? Das kennst du gar nicht mehr, dieses Wort, oder? Ich buchstabier es dir: S-p-a-ß! Also, können wir?«

Mittlerweile hatte ich Schwierigkeiten, sie zu halten, blieb aber weiterhin stur. Girly tänzelte immer nervöser, und hätte sie reden können, hätte sie gesagt: »Mannomann, du Spaßbremse! Weißt du nicht, den Gewinner erkennt man am Start, doch den Verlierer auch!«

Vielleicht schoss mir dieser Gedanke ebenfalls durch den Kopf, jedenfalls gab ich ihre Zügel frei. Die anderen waren schon ein gutes Stück voraus, doch Girly ist ein schnelles Pferd. Auf einmal fühlte ich mich wie Winnetou auf seinem Rappen Iltschi, denn sie düste ab, als habe sie einen Turbo eingebaut. Sie flog an allen anderen vorbei und hatte am Ende der Galoppstrecke hundert Meter Vorsprung. Als Gaby mit rotem Gesicht ins Ziel kam, sagte ich nichts, aber dachte: In freier Wildbahn hätte Girly auf der Flucht vor dem Feind tatsächlich eine Überlebenschance. Für ein domestiziertes Pferd war das nicht länger nötig, trotzdem waren ihr Ehrgeiz und ihr Siegeswille ungebrochen. Und die musste sie auch mal zeigen dürfen! Ich habe dieselben Eigenschaften, aber ich hatte sie viel zu lange unter den Scheffel gestellt. Auch das lehrte mich Girly: Zeig was du kannst – und sei stolz darauf.

Für viele Menschen ist das einfacher gesagt, als getan. Doch wie soll uns Großes gelingen, wenn wir uns immer klein machen? Viel zu häufig orientieren wir uns an einer inneren roten Ampel, die uns daran hindert, mit Lust und Laune unsere Stärken ins Spiel zu bringen. Girly ließ mich das immer wieder erfahren: Schalt deine Ampel doch mal auf Grün, war ihre Botschaft. Jedes Mal, wenn ich es tat, fühlte ich mich besser.

Ich hatte einen langen Weg zurückgelegt, als ich die Therapie in der Parkklinik begann, und einen noch längeren, als ich diesen wunderbaren Ort wieder verließ. Trotzdem war der Weg noch lange nicht zu Ende. Das lässt sich gut mit Sport vergleichen: Ich hatte gerade ein gut organisiertes Trainingslager zu Ende gebracht, nun ging es darum, zuhause fit zu bleiben. Zu dieser Zeit war Girly in einem Stall untergebracht, der eine große, teilweise verspiegelte Reithalle besaß. Solche Spiegel sind sehr nützlich, um die eigene Haltung auf dem Pferd zu kontrollieren und gegebenenfalls zu korrigieren. Wann immer wir dort unsere Runden drehten, fiel mir auf, wie nicht nur ich in den Spiegel blickte, sondern auch mein Pferd. Und zwar auf eine Art und Weise, die ich als Stolz interpretierte. Beim Menschen würde man sagen: Er ist eingebildet. Damals wusste ich nicht, dass »Stolz« oder »Einbildung« in der Welt eines Pferdes nicht vorkommen und dass die meisten Tiere gar kein Spiegelbild erkennen. Stattdessen gibt es »Sicherheit« in ihrer Welt, oder in Girlys Fall »Unsicherheit«, denn sie hielt das Bild im Spiegel schlicht und einfach für ein anderes Pferd. Deshalb machte sie sich groß und präsentierte sich – ich als Mensch dachte an Stolz, für sie war es ein reines Klären von Machtverhältnissen.

Einige Tage später hieß es für mich: Einrücken. So nannte ich das, als ich zwei Tage lang in einem Institut für Psychiatrie in der bayerischen Landeshauptstadt begutachtet werden sollte. Es ging um wichtige Fragen meines weiteren Berufslebens – Dinge, die man nicht auf die leichte Schulter nimmt. Im Erdgeschoss befand sich ein Warteraum, ein paar Stockwerke höher das Sprechzimmer der Psychologin, die mich unter die Lupe nehmen würde. Sie holte mich unten ab und fragte, ob wir mit dem Aufzug fahren könnten.

Aufzugfahren gehörte noch nie zu meinen Hobbys und in der damaligen Phase meines Lebens schon gar nicht. Die Enge, die Leute darin – ich brauchte nicht den Film *Abwärts* mit Götz George anzugucken, damit sich mir beim Gedanken an Aufzugfahren die Nackenhärchen hochstellten. Doch noch immer war ich nicht in der Lage, mit einem gelassenen »Nein, danke, ich gehe lieber zu Fuß« zu antworten. Stattdessen sagte ich: »Ich probier es.«

Es zu testen ist durchaus ein probates Mittel, um mit der eigenen Angst umzugehen. Es nennt sich: »Wo die Angst ist, ist der Weg«, und wird in der Konfrontationstherapie eingesetzt. Allerdings muss man diesen angstvollen Weg behutsam beschreiten, weil sich sonst das Gegenteil einstellen kann und der Proband noch ängstlicher wird. Das gilt auch bei der Pferdearbeit, wo wir diesen Weg sehr häufig gehen. Wer die Angst ständig meidet, wird sie niemals besiegen, wer sich ihr stellt, kann erfolgreich sein – aber alles mit viel Augenmaß!

Mit uns betraten drei weitere Leute den Aufzug. Für acht war er ausgelegt, fünf waren drin, in den Augen des Aufzugtechnikers wäre das gar nichts gewesen. In den Augen eines Agoraphobikers, also eines Menschen mit Platzangst, sind es eindeutig zu viele. Ich begann zu schwitzen, meine Arme und Beine kribbelten, mein ansonsten so ruhiger Puls begann zu rasen. Ich stand kurz vor einer Panikattacke. Da entdeckte ich den Spiegel. Klar, in vielen Aufzügen befindet sich ein Spiegel. Da kann man sich kurz vor dem Meeting nochmal die Krawatte richten und schauen, ob die Frisur sitzt. Dafür sind sie da, diese Spiegel, genauso wie in der Reithalle: Um die eigene Haltung zu überprüfen. Genau das tat ich jetzt. Ich konzentrierte mich auf mein Spiegelbild, versuchte ruhig ein- und auszuatmen und konnte dabei sehen, wie ich allmählich ruhiger wurde. Ich richtete mich auf, fuhr mir über die Haare, und hätte ich eine Krawatte umgehabt, hätte ich den Knoten geprüft. Wie man das halt macht, um sich zu entspannen – egal, ob man kurz vor einem Einstellungsgespräch so einen Aufzug benutzt oder darin seine Panikattacke bekämpft. Als wir ausstiegen, hatte ich mich gut unter Kontrolle. Ich konnte schon wieder lächeln, weil ich an Girlys Blicke in den Spiegel vor wenigen Tagen dachte. Sie hatte sich größer gemacht, um ihr Spiegelbild zu beeindrucken. Ich hatte mich größer gemacht, um den Platzangstdämon zu beeindrucken.

Wer darüber nicht lächeln konnte, war die Psychologin. Ihre Schlussfolgerung war so falsch, wie sie folgenreich war. Mein Aufrichten und den Griff zu den Haaren hielt sie für eine narzisstische Persönlichkeitsstörung. Das war harter Tobak, denn unter so eine Störung fallen Eigenschaften wie ein Mangel an Empathie, ein falsches Selbstbild und eine völlige Überschätzung der eigenen Fähigkeiten. So sieht man, dass auch Diplome einen Psychologen nicht zwingend zum Menschenkenner machen … Aber war ich selbst nicht auch auf dem Holzweg gelandet, als ich Girlys Blick in den Spiegel für Stolz hielt? Wie sagte der ehemalige Bundeskanzler Helmut Schmidt einmal: »Wir müssen alle noch ein bisschen was dazulernen.«

Wie viel Girly und ich voneinander gelernt haben, zeigt sich vor allem, wenn sie für Zeitschriften und Zeitungen fotografiert wird oder eine im wahrsten Sinne des Wortes tragende Rolle bei Dreharbeiten spielt. Was immer wir da tun, ergibt in ihrer Pferdewelt keinen Sinn. Trotzdem ist sie voll dabei, zeigt sich belastbar, will es nicht nur gut, sondern besser machen. Sie tut das für mich, für meine Anerkennung und mein Lob. Das ist aber nur eine Seite der Medaille. Die andere findet häufig nicht die Beachtung, die sie verdient: Es geht um den Ausgleich zwischen Geben und Nehmen. Verschieben sich diese Pole zu Ungunsten eines Beteiligten, sind Lustlosigkeit, Frust, vielleicht sogar Aggression oder Flucht die Folge. Dann ist das Spiel zu Ende, und auch der Egoist, der ständig nahm, zählt jetzt zu den Verlierern.

Bei Girly und mir ist das nie der Fall. Wir leben in einer Symbiose, die für uns beide von Vorteil ist. Ich habe durch sie mein wahres Ich kennenlernen dürfen und dabei das Potenzial entdecken, das mich zu einem erfolgreichen Pferdeflüsterer werden ließ. Sie wiederum hatte das Glück, dass ich sie immer fair, ohne Gewalt, ohne Schreien und Zwangsmittel behandelt, erzogen und geritten habe, und dass sie artgerecht untergebracht und versorgt ist. Ich habe nicht ihren Willen gebrochen, sondern ihre Persönlichkeit zugelassen. Girly durfte und darf sich auch heute noch pferdegemäß verhalten und entwickeln.

Schlussbemerkung

Was ich noch zu sagen hätte,
dauert eine Zigarette und ein letztes Glas im Steh'n.

Zugegeben, von einem Mann, der längst nicht mehr raucht und keinen Tropfen Alkohol trinkt, ist das ein überraschender Satz.

Doch zum einen mag ich den Song von Reinhard Mey, zum anderen führt er mich zu einem wichtigen Thema, dem Abschied.

»Den wahren Charakter eines Menschen erkennst du daran, wie er mit dir umgeht, wenn er dich nicht mehr braucht.« Wer diese weisen Worte geprägt hat, kann ich nicht sagen, doch genügt es mir zu wissen, wie treffend sie die Realität beschreiben. Mit »dich« kann dabei sowohl Mensch als auch Tier gemeint sein. In meinem Leben gab es schon viele Abschiede, was auch gut ist, weil dadurch Neues in mein Leben treten konnte. Dabei habe ich allerdings immer wieder die Erfahrung gemacht, wie absolut wahr dieser Satz ist. Auch in meiner Tätigkeit als Pferdeflüsterer werde ich damit ständig konfrontiert. Erbringen Pferde nicht die Leistung, die man von ihnen erwartet, werden sie abgeschoben. Und abgeschoben heißt in diesem Fall oft der Gang zum Pferdemetzger. Es ist erschreckend, dass in Deutschland ein Pferd im Durchschnitt gerade mal acht Jahre alt wird. Dabei können diese wunderbaren Tiere in fürsorglicher Obhut bis zu 50 Jahre alt werden. Weil mir dieser Begriff der »fürsorglichen Obhut« so wichtig ist, habe ich mich der Homöopathie zugewendet. Nach den 1796 veröffentlichten Vorstellungen des deutschen Arztes Samuel Hahnemann beruht diese auf dem Ähnlichkeitsprinzip: »Ähnliches möge durch Ähnliches geheilt werden.« Bei Pferden funktioniert sie ganz hervorragend, weil bei ihnen kein Verstandsteufelchen im Ohr sitzt, das ständig flüstert: »Ist alles nur Quatsch. Beruht auf dem Placebo-Effekt. Und wenn du nicht dran glaubst, funktioniert es auch nicht.«

Ich kann die Zweifler verstehen, ich war auch mal einer. Doch in der Klinik lernte ich, dass es mehr gibt zwischen Himmel und Erde als die üblichen Chemiekeulen. Ich lernte, dass fürsorgliche Obhut möglich ist. Heute stecke ich meinem Pferd zehn Globuli hinter die Unterlippe, und es erfährt Linderung. Zehn Globuli, verteilt auf dieses Körpergewicht, sind kaum ein Hauch von Wirkstoff. Er genügt. Er würde auch uns genügen. Zudem habe ich aber auch das Glück, Dr. Roland Böhmisch, den »Pferdetierarzt« schlechthin, meinen besten Freund nennen zu dürfen. Er ist immer zur Stelle, wenn ich ihn brauche, und er setzt die Schulmedizin sehr überlegt und sinnvoll ein. Denn ohne die heilende Kraft eines verständigen Tierarztes geht es trotz Homöopathie oft nicht.

Ebenso halte ich es mit den effektiven Mikroorganismen. Dabei handelt es sich um in unserer Umwelt vorkommende aerobe und anaerobe Mikroorganismen, die dafür sorgen, dass es zur Fermentierung kommt. Man muss kein Chemiker sein, um das zu verstehen, es genügt, die positiven Folgen zu beobachten. Da wissen wir in Passau genau, wovon wir reden. 2013 erlebten wir ein Jahrhunderthochwasser, welches Teile der Stadt meterweise überflutete. Manchmal stand das Wasser wochenlang, der faule Gestank war nicht wegzubekommen. Die Stadtverwaltung setzte daraufhin effektive Mikroorganismen ein, und Tage später war dieses

Problem kein Problem mehr. Ich benutze sie auch, um Wunden zu heilen, hierbei sind beachtliche Erfolge zu erzielen. Doch so wenig, wie ich als Pferdeflüsterer Wunderdinge vollbringe, tue ich es hier: Ich nutze lediglich, was uns die Natur an heilenden Kräften zur Verfügung stellt.

Das alles kann ich tun, seit ich mir wieder Selbstachtung und Selbstliebe gönne. Seit ich meine Sensibilität als Potenzial betrachte und sie nicht länger bekämpfe. Seit ich durch Girly gelernt habe, dass wir Menschen von Pferden lernen können, weil sie einen so langen Evolutionsvorsprung haben und als Flucht- und Herdentiere sehr viel mehr als wir im Kontakt mit der Natur stehen.

Es beginnt immer ganz ähnlich. Am Anfang stellen wir fest, dass etwas nicht richtig läuft. Ein Pferd hat diese Einsicht früher als wir Menschen – wie spät sie bei uns kommen kann, da bin ich ja das richtige Beispiel –, dafür kann das Pferd diese Einsicht nicht artikulieren. Also handelt es instinktiv und aus seiner Sicht immer richtig. Nur sind wir oft nicht in der Lage zu erkennen, was es gerade tut – oder wir wollen es nicht.

Ist der erste Schritt der Erkenntnis getan, gilt es, professionelle Hilfe zu suchen. Ein Pferd kann das nicht, deshalb liegt es in der Verantwortung des Menschen. Doch Vorsicht! Sowohl Pferd als auch Mensch sind leidensfähig – wieder stehe ich gerne als abschreckendes Beispiel ein –, deshalb dauert es oft zu lange, bis Hilfe in Anspruch genommen wird. So kann es zu diversen Verhaltensstörungen kommen. Beim Menschen zum Beispiel Fingernägelkauen, Waschzwang, Kontrollzwang, Ritzen oder die verschiedensten Suchtverhalten. Und beim Pferd? Da ist es das Weben und Koppen. Das Weben sieht man auch bei Zirkuselefanten, wenn sie in der Arena mit dem Kopf von einer Seite zur anderen wippen. Dann geht es ihnen nicht gut. Koppen ähnelt dem menschlichen Rülpsen. Das Pferd schluckt Luft, um sie dann lautstark auszustoßen.

Beides sind Anzeichen von Stress. Dazu kommt das Schlagen an die Wände, Buckeln, Treten, Beißen, Losreißen sowie Verhaltensprobleme wie Sattel- oder Gurtzwang.

Nehmen wir endlich Hilfe in Anspruch, muss zunächst einmal Ursachenforschung betrieben werden. Davon kann ich selbst ein Liedchen singen (bei mir dauerte übrigens alles länger, als ich es in diesem Buch beschreiben kann). Auf die Pferdearbeit übertragen, stelle ich in der Rolle des Therapeuten meine Fragen zunächst an den Besitzer des Pferdes. Ich will von ihm allerdings nicht zu viel hören, weil ich weiß, dass er in der Regel Mitverursacher des Problems ist und seine Sichtweise der Dinge daher wenig nützlich ist. Aus diesem Grund beginne ich schnell, selbst hinzuschauen: Ich sehe mir das Verhalten des Pferdes in seiner heimischen Umgebung und bei den täglichen Verrichtungen an. Auf diese Weise »spricht« das Pferd zu mir. Der Vorteil gegenüber einer ähnlichen therapeutischen Arbeit mit Menschen ist: Das Pferd ist ehrlich. Es verheimlicht nichts. Es redet nichts schön. Das Wörtchen »aber«, in Therapiesitzungen bei Menschen zu häufig verwendet, kennt es nicht. Daher kann ich beim Pferd schnell und deutlich seine Vermeidungsstrategien erkennen. Wie wir Menschen wird es Dingen, die ihm Angst machen, aus dem Weg gehen. Das Vermeidungsverhalten ist oft der Hauptgrund, weshalb Pferdebesitzer bei mir anrufen.

Jetzt gilt es, Lösungswege zu finden und aufzuzeigen. Arbeite ich nach dem Motto »Wo die Angst ist, ist der Weg«, muss ich beim Beute- und Fluchttier Pferd besonders behutsam vorgehen. Angst löst man niemals im Hauruck- und auch nicht im Haudrauf-Verfahren auf, sondern durch das langsame Heranführen an die Angst. Um es mit einem krassen Beispiel zu verdeutlichen, das leider Realität in meiner Arbeit als Polizist war: Hat ein Kind Angst vor dem dunklen Keller, verliert es diese Angst nicht, wenn seine Eltern es dort für ein paar Stunden einsperren. Ich kann das Kind an die Hand nehmen, dann wagen wir gemeinsam ein paar

Stufen in den Keller hinab, und am nächsten Tag vielleicht ein paar Stufen mehr. Als Therapeut kann ich aufzeigen, dass die Angst unbegründet ist, doch muss ich auch die alten Verhaltensmuster auflösen, die unser inneres Programm bestimmen. Bei Pferden tue ich das, indem ich jeden noch so kleinen Fortschritt positiv verstärke. Natürlich nicht mit Leckerlis, sondern durch Lob, Streicheln, Aufmerksamkeit, durch Pausen und Arbeitsschluss. Dazu bedarf es gegenseitigen Vertrauens und Respekts, Konsequenz in der Umsetzung und jede Menge Geduld und Gelassenheit – auch mit den Pferdebesitzern!

Veränderungen sind nicht immer einfach. Doch habe ich Wünsche an mein Leben, muss ich diese Veränderung bei mir selbst herbeiführen. Dazu ist es nötig, ausgetretene Pfade zu verlassen. Das habe ich getan und bin am Ende durch die Tür gegangen, die es bei jedem neuen Pfad zu durchschreiten gilt. Bei mir war die Tür die Therapie. Zum Glück stehen uns Menschen ja eine ganze Reihe von Therapieformen zur Verfügung. Bei Pferden ist das nicht der Fall. Außer der Verhaltenstherapie gibt es nichts. Diese ist wenig anderes als Verhaltensberatung und Tiererziehung. Ich trainiere einem Pferd ein erwünschtes Verhalten an oder gewöhne ihm ein unerwünschtes Verhalten ab.

Psychische Erkrankungen wie zum Beispiel das Burnout-Syndrom gibt es auch bei Pferden. Sie leiden genauso darunter wie wir Menschen. Ich brauche einem Pferd nur in die Augen zu sehen, um zu erkennen, wie es ihm geht. Ich kann auch sehen, ob ein Pferd sich missverstanden fühlt.

Pferde leben immer im Hier und Jetzt – was wir auch tun sollten. Doch wir verharren oft in der Vergangenheit oder denken an die Zukunft. Ein Pferd macht so etwas nicht.

»Laufe nicht der Vergangenheit nach und verliere dich nicht in der Zukunft. Die Vergangenheit ist nicht mehr. Die Zukunft ist noch nicht gekommen. Das Leben ist hier und jetzt«, sagte Buddha.

So gesehen, sind Pferde auf dem Weg zur Erleuchtung ein gehöriges Stück weiter als die meisten Menschen. Genau deshalb haben sie so viele Probleme mit uns. Unsere Denkweise ist ihnen fremd, sie verzweifeln daran. Durch uns müssen sie ständig wider ihre Natur handeln.

Pferde legen keinen Wert auf materielle Dinge. Ob der Sattel ein paar zehntausend Euro gekostet hat, weil der Besitzer ihn mit Diamanten umkränzt, ist ihnen völlig egal. Alles, was nicht existenziell von Bedeutung ist, ist für sie unwichtig. Es geht immer nur ums Überleben und die Erhaltung der Art. So ist es in ihrer Pferde-DNA vorgesehen. Deshalb können sie mit unserem gnadenlosen Ehrgeiz nichts anfangen. Ein Pokal beim Turnier oder eine Schleife bedeuten ihnen nichts. Ihren Besitzern dagegen oft sehr viel. Auch damit sind viele Pferde überfordert.

Was Pferde ebenso wie wir Menschen brauchen, sind Spielregeln. Gute Spielregeln sind nicht dazu da, uns einzuengen, sondern um uns ein Gefühl von Sicherheit zu vermitteln. Auch da leiste ich als Pferdeflüsterer Erziehungsarbeit: Ich lehre das Pferd, was sein darf und was nicht, und gebe ihm damit die von ihm eingeforderte Sicherheit.

Während ich das schreibe, lehne ich mich zurück, nehme einen Schluck aus der Kaffeetasse, blicke auf das Foto von Girly neben mir und höre mich halblaut sprechen: »Alles leicht gesagt. Alles leicht geschrieben. Vergiss nicht, Manfred, den Menschen da draußen mitzuteilen, dass bei dir dieser Weg fast ein halbes Jahrhundert gedauert hat. Sag ihnen, dass sie nicht ungeduldig werden sollen. Sag ihnen, dass es keineswegs verwerflich ist, einen Fehler zu machen. Es ist nur verwerflich, nichts dagegen zu tun.«

Genau das will ich Ihnen zum Schluss gerne mit auf den Weg geben. Ich, Manfred Weindl, vormals Polizist und harter Brocken, heute Pferdeflüsterer voller Empathie für Mensch und Tier, kann Ihnen eines ganz sicher versprechen, wenn Sie sich auf den Weg machen: »Das Leben, das von diesem Moment an vor Ihnen liegt, ist schön … von einfach war allerdings nie die Rede.«

11 persönliche Tipps vom Pferdeflüsterer für ein besseres gegenseitiges Verständnis von Mensch und Pferd

1. Bestehen Sie darauf, dass sich Ihr Pferd Ihnen zuwendet, spätestens wenn Sie die Box betreten.

2. Dulden Sie keine Respektlosigkeiten wie z. B., dass sich das Pferd an Ihnen schubbert, an Ihnen rumknabbert u. Ä.

3. Achten Sie auf die korrekte Führposition. Ihr Pferd muss hinter Ihnen oder höchstens mit dem Kopf auf Ihrer Schulterhöhe gehen.

4. Schreien Sie nicht mit Ihrem Pferd und sprechen Sie möglichst wenig mit ihm. Ihr Pferd versteht kein Wort von dem, was Sie sagen.

5. Loben Sie Ihr Pferd, wenn es etwas gut gemacht hat. Benutzen Sie hierzu Ihre streichelnde Hand. Verzichten Sie auf Leckerlis als Belohnung!

6. Sichern Sie sich während der Arbeit die ständige Aufmerksamkeit Ihres Pferdes.

7. Seien Sie bei der Pferdearbeit immer gelassen und arbeiten Sie ohne Stress und Druck.

8. Haben Sie Geduld mit Ihrem Pferd. Bestrafen Sie es nicht, wenn es etwas falsch macht. Wiederholen Sie die Übung so lange, bis sie klappt.

9. Seien Sie stets konsequent in Ihrem Handeln.

10. Fordern Sie Respekt von Ihrem Pferd, bringen Sie aber im Gegenzug auch Ihrem Pferd den nötigen Respekt entgegen.

11. Und sollte es trotz allem nicht klappen, scheuen Sie sich niemals davor, sich professionelle Hilfe zu holen.

Schreiben Sie mir! Ihre Meinung interessiert mich.

G.e.K.o. Verhaltenstherapie für Pferde
Am Weiher 18
94121 Salzweg
Tel.: 0851/46281
Mobil: 0176/96688259
E-Mail: manfredweindl@t-online.de
Internet: pferdefluesterer-salzweg.de

Danksagung

Die wenigsten von Ihnen werden diese Zeilen lesen.

Warum?

Danksagungen sind meist nur für die interessant, die darin Erwähnung finden. Dem Rest sind sie ziemlich egal. Aber ich würde Ihnen trotzdem empfehlen weiterzulesen. Denn schließlich wissen Sie noch nicht, ob Sie nicht vielleicht doch darin vorkommen. Also, es lohnt sich auf alle Fälle dranzubleiben.

Als vom Verlag die Bitte an mich herangetragen wurde, eine Danksagung zu schreiben, war ich zunächst ein wenig überfordert. Wie sollte die aussehen? Eine namentliche Erwähnung aller Personen, die irgendwie auf irgendwelche Weise auf meinem Weg in Erscheinung getreten sind? Was wäre, wenn ich jemanden vergesse? Ich wollte auf keinen Fall jemanden dadurch verstimmen.

Dann kam mir die rettende Idee. Ich holte ein Buch nach dem anderen aus dem Schrank und schaute nach, wie andere Autoren das lösen. Die meisten schreiben eine Seite lang sämtliche Namen auf, und ich ertappte mich dabei, dass ich spätestens nach dem zweiten Namen nicht mehr weiterlesen mochte. Das wollte ich so nicht. Also entschloss ich mich, es etwas allgemeiner zu halten.

Und das sieht so aus:

Mein besonderer Dank gilt:

- meiner Frau Evi und meinen Söhnen Andreas, Christian und Alexander, die immer zu mir hielten und mich bei all meinen Unternehmungen (und waren sie auch noch so verrückt) unterstützten und mich auch ertragen haben, wenn ich so war, wie ich war oder auch heute noch manchmal bin
- meinem besten Freund Dr. Roland Böhmisch, der durch das in mich gesetzte Vertrauen letztendlich den Ausschlag gab für das, was ich heute mache
- meinen Kollegen von der Polizei, hier besonders den vier Kollegen von der Bereitschaftspolizei, mit denen ich mich nach 35 Jahren immer noch einmal im Jahr treffe. Und ganz besonders meinen Kollegen von der C-Schicht der Polizeiinspektion Passau, mit denen ich 18 Jahre lang sowohl im Dienst als auch privat unglaublich schöne Zeiten verbracht habe. Der Zusammenhalt und die Teamarbeit waren gigantisch, und ich möchte keine Sekunde missen. Danke, ihr wart nicht nur Kollegen, sondern wahre Freunde
- Frau Dr. Cornelia Rieger, die mir während meiner schweren Erkrankung eine so große Hilfe und Stütze war und ohne die ich diese Zeilen heute sicherlich nicht schreiben würde
- allen Freunden und Bekannten, die mich immer wieder ermunterten und darin bestätigten, diesen Weg zu gehen
- all den Pferdebesitzern, die mir ihr Vertrauen entgegenbrachten und mich mit ihren Pferden arbeiten ließen
- und all den Pferden (allen voran meiner Girly), die ich kennenlernen durfte und die mir all das beigebracht haben, was ich heute weiß.

Bedanken möchte ich mich aber auch bei all denen, die mir durch ihr negatives Verhalten, durch Neid, Missgunst, Ungerechtigkeit, Unfairness, schamloses Ausnutzen von Gutmütigkeit und vielem mehr gezeigt haben, wie ich nie sein möchte und aus deren

So, liebe Leser, ich hoffe, es ist Ihnen noch nicht so langweilig geworden, dass Sie aufgehört haben zu lesen. Jetzt sind nämlich Sie dran.

Ich möchte mich ganz herzlich bei Ihnen bedanken, dass Sie dieses Buch gekauft oder sich ausgeliehen, auf alle Fälle aber es gelesen haben. Denn nur durch treue und interessierte Leser ist es überhaupt möglich, im Zeitalter der Digitalisierung und fortschreitenden Technisierung und der damit verbundenen unglaublichen Überforderung, wo immer weniger zu einem Buch gegriffen wird, ein Buchprojekt zu verwirklichen.

Es wäre mir eine Freude, wenn Sie die ein oder andere Lebensweisheit oder einen guten Tipp für Ihr Leben mitnehmen konnten. Wenn nur ein einziger Mensch oder ein einziges Pferd davon profitiert, dann war es all die Mühen wert, und meine Mission hat sich erfüllt.

In diesem Sinne wünsche ich Ihnen alles erdenklich Gute für die Zukunft. Leben und genießen Sie jeden Tag, als wäre es ihr letzter. Denn zwei Dinge kommen nicht zurück: Das gesprochene Wort und die versäumte Gelegenheit.

Verhalten ich die wichtigsten Lektionen meines Lebens gelernt habe.

Ganz besonders bedanken möchte ich mich bei den drei »unparteiischen« Richtern des Landgerichts Passau, die mir gezeigt haben, dass der Spruch von Dieter Hildebrandt absolut seine Berechtigung hat. Aber keine Sorge, ich bin Ihnen nicht mehr böse, haben Sie doch letztendlich maßgeblich dazu beigetragen, dass mein Leben diese positive Wendung genommen hat. Ich halte es da mit Karl Valentin, der einmal gesagt hat: »Wer am Ende ist, kann von vorn anfangen, denn das Ende ist der Anfang von der anderen Seite.«

So bringen alle »Freude in das Leben eines anderen, die einen, wenn sie kommen, die anderen wenn sie gehen«. Das Leben ist wie ein Zug, viele steigen ein und aus, an die meisten wird man sich nach kurzer Zeit nicht mehr erinnern oder sie gar nicht wirklich wahrnehmen, andere wiederum fahren länger mit oder sogar bis zur Endstation.

Last but not least möchte ich mich bei allen Personen bedanken, die dazu beigetragen haben, dass dieses Buch entstehen konnte. Die mir Mut gemacht haben, mir den Elan gegeben und den nötigen Tritt in den Hintern verpasst haben, wenn es mal schwierig wurde und ich ohne jeglichen Antrieb war. Vor allem auch bei den verantwortlichen Personen des Kailash Verlags, mit denen die Zusammenarbeit von Anfang an hervorragend verlaufen ist. Ich kann es nur als Glückstreffer bezeichnen, dass man dort auch gern Radio hört. So kam nämlich die Zusammenarbeit überhaupt erst zustande, und ich bin überglücklich, dass mir ein so unglaubliches Vertrauen und der Glaube an mich und meine Fähigkeiten entgegengebracht wurde. Fähigkeiten, die ich selbst noch nicht einmal erkannt hatte. Namentlich erwähnen möchte ich hier die verantwortliche Lektorin Caroline Colsman.

Liebe Caroline, es war und ist mir eine Freude und eine Ehre, dieses Projekt mit dir verwirklicht zu haben.